ゼロ から スタート！

馬淵敦士の 2024年度版

ケアマネ

1冊目の教科書

JN055073

かいごのがっこう
ベストウェイケアアカデミー学校長 **馬淵敦士** 著

KADOKAWA

指導実績トップクラスの馬淵講師が合格をナビゲート！

1冊目の教科書に最適！

過去問分析から鉄板の学習法を教えます！

介護支援専門員試験講師

馬淵　敦士（まぶち・あつし）

かいごのがっこう ベストウェイケアアカデミー学校長。同校を設立し、大阪府豊中市を中心に介護人材の育成を行っている。介護系受験対策に精通し、介護福祉士・ケアマネジャー（以下、ケアマネ）受験対策講座を各地で開催。全国合格率を大幅に上回る実績を残している。

STEP 1　馬淵講師のここがすごい！

1 講師歴16年・指導実績1,500人超で合格者を多数輩出！

ケアマネ講座の講師歴は16年で、自社講座・外部セミナーの指導実績は1,500人を超えています。また、親身な指導でわかりやすいと支持を得ています。

2 定番の過去問集を毎年執筆（10ページ参照）。合格ポイントを熟知

受験者の多くが使用する過去問解説集を毎年執筆。合格ポイントを完全に把握しており、忙しい社会人からも効率的な指導法だと好評です。

受講者の声

- ポイントを絞った解説で試験に出るところがよくわかった
- 勉強が苦手でもわかりやすく伝えてくれた
- 活きた講義であっという間に時間が過ぎた
- 介護経験がなくても介護支援分野がよくわかった
- 学習のフォローが万全で親切だった

ケアマネ試験の範囲はそれほど広くありません。しかし、その分専門知識を正確に理解し、定着させなければなかなか得点はできません。単に用語を覚えているだけでなく、解答の根拠を自分で考えられる必要があります。本書は徹底した過去問分析から試験の「出るところ・出たところ」を丁寧に解説しています。問題演習の際に必要な「解く力」がみるみる身につきます。

STEP 3 最短ルートの学習法を示します

その1 実際の講義をベースに出るところを凝縮！

人気講義を忠実に再現。頻出ポイントを押さえたムダのない解説により、最短で基礎知識の習得ができます。

その2 重要事項は図表で整理。記憶に定着しやすい

ケアマネ試験は暗記項目が多いため、「覚えるべきところ」と「覚えなくてもよいところ」のメリハリをつけて暗記することが肝心です。整理されたポイントを図表で何度も見返すことで、知識の定着が図れます。

その3 10時間で読み切れる見開き構成

ケアマネ合格に必要な基礎知識を1冊に凝縮。1項目が見開きで、左にポイントを押さえたわかりやすい解説、右に理解しやすい図やイラスト満載でどんどん読み進められます。ひと目でわかる★〜★★★で示した、試験に「でる度」も項目ごとに載っています。

ケアマネ合格を実現！
馬淵講師の合格メソッドを
誌面で再現

本書で学ぶこと

ケアマネ試験の試験科目は「介護支援分野」（本書の第1章）と「保健医療・福祉サービス分野」（第2章、第3章）に分けられます。本書はこの試験科目に沿って構成しています。この Map では、各章で具体的にどんなことを学ぶのかを紹介します。

第1章

介護支援分野

介護保険制度のしくみを理解しましょう

この制度上でケアマネはケアプランを立てるんですね

PLAN

第2章
保健医療分野

高齢者の疾病など、医学的知識と医療系サービスについて学びます

高齢者の健康状態に合わせたケアを提供するためですね

第3章
福祉サービス分野

サービス
$$$

補助金

施設

利用できる選択肢について学びます

はじめに

　はじめまして。大阪にある介護系資格に特化した「かいごのがっこう ベストウェイケアアカデミー」で介護支援専門員（ケアマネジャー。以下、「ケアマネ」）の受験対策講座の講師をしている馬淵敦士といいます。ケアマネは、高齢者がイキイキと自立した生活を送っていくために、支援の専門家として、在宅・施設を問わず必要とされる資格です。大変な仕事ではありますが、やりがいのある仕事でもあります。

　しかしながら、2018年の受験資格の厳格化により、受験者数が大幅に減少したこともありました。医療や介護の業界においても、「ケアマネはもう足りているのではないか」「国はこれ以上、ケアマネを必要としていないのではないか」などという声も多く聞くようになりました。一方で、「2025年問題」という言葉も出現しています。団塊の世代が75歳以上となるこの年、4人に1人が後期高齢者となり、日本社会はさまざまな分野で大きな変化を余儀なくされることを指します。そうした超高齢社会の中で介護に関わる専門家として、ケアマネのニーズは依然として高いといえます。

　ケアマネ試験は難関といわれていますが、その壁は決して乗り越えられないものではありません。この本を使ってしっかり基礎固めの学習を進めることで、効果的・効率的に合格点がとれる学習法が身につくでしょう。そして、晴れてケアマネとして、一人でも多くの高齢者が活力を持って生活できる社会を構築していく役割を担う一人として、その力を思う存分に発揮していってください。

　この本を活用して、ぜひ「合格」を手に入れましょう！

かいごのがっこう ベストウェイケアアカデミー　学校長　馬淵 敦士

① ケアマネ試験の概要

ケアマネ試験は「実務研修」の受講資格を得るためのもの

　ケアマネになるには、ケアマネ試験に合格する必要がありますが、じつは合格するだけではケアマネを名乗ることはできません。

　ケアマネ試験の正式名称は、**介護支援専門員実務研修受講試験**（以下、「ケアマネ試験」）といいます。ケアマネになるためには、試験に合格するだけでなく、**介護支援専門員実務研修**（以下、「実務研修」）を修了しなければならないのです。つまり、ケアマネ試験は、**実務研修受講の権利を得るためのもの**という位置づけです。

　また、ケアマネ試験の受験資格には、次のように一定の実務経験が必要となっています。

◆ 受験資格

---

① 医療、保健、福祉の法定資格の保有者（介護福祉士、看護師、理学療法士、作業療法士、保健師など）で、登録してからその業務に 5 年以上かつ 900 日以上従事している者

② 規定された医療、保健、福祉の施設等で、次の相談援助業務に従事した期間が、5 年以上かつ 900 日以上ある者

・生活相談員
・支援相談員
・相談支援専門員
・主任相談支援員

ケアマネの登録には、5 年間の有効期限あり！

　ケアマネ試験に合格し、さらに実務研修を受講して修了すると、修了証が交付されます。「長い道のりも、これでようやく終わり」と思いきや、もう1つ行わなければならないことがあります。それは、これから従事する勤務先が所在する**都道府県に登録**することです。これはケアマネとして仕事をす

るうえで必須です。それにより都道府県から介護支援専門員証が交付され、晴れてケアマネ業務に就くことができるのです。

ただし、ケアマネの登録には、**5年間の有効期限**があります。5年後も引き続きケアマネとして従事する場合は、更新研修を受講する必要があります。

介護支援・保健医療・福祉サービスの分野から60問が出題

ここからは、肝心の試験内容について見ていきましょう。

試験は、**毎年1回、10月**に行われます。各都道府県の指定する大学などが試験会場となります。実施要綱の交付や願書提出時期は都道府県によって異なりますので、提出が遅れないようにしましょう。

試験時間は**120分**（午前10時～12時）です。出題される分野は、合計60問のうち、**介護支援分野25問・保健医療分野20問・福祉サービス分野15問**となっています。出題内容は全国同じです（ただし、解答用紙の形式などは各都道府県で異なる場合があります）。

出題形式は**5肢複択方式**で、5つの選択肢から正しいもの・適切なものを2つないし3つ選択します。**すべてを正解しなければ得点になりません。**

「正答率70%」が合格の目安

合否の判定方法ですが、2つに分けて（介護支援分野25問と保健医療・福祉サービス分野35問）それぞれの合格点が示され、両方の合格点を上回れば合格となります。たとえば、介護支援分野で15点、保健医療・福祉サービス分野で23点という合格点が示された場合、介護支援分野で満点の25点をとれたとしても、保健医療・福祉サービス分野で22点しかとれなければ、不合格となってしまいます。

気になる合格基準は、年度で異なります。つまり、「○点とれば合格」という絶対基準がないのです。近年の合格点を検証すると、**「正答率70%」が基準**とされているようです。ということは、**介護支援分野で18点、保健医療・福祉サービス分野で25点**が合格の目安となります。ただし、第25回は70%を超える点が合格点となっていますので、あくまで目安です。

◆ 過去３年の合格基準点

分野	第23回	第24回	第25回
介護支援分野	13点／25点	14点／25点	18点／25点
保健医療・福祉サービス分野	22点／35点	25点／35点	26点／35点

　ちなみに、ケアマネ試験の合格率については、第21回（2018年度）に10.1％と低下した時を除くとおおよそ15〜20％で推移しています。とはいえ、5人に1人しか合格しない難しい試験であることに変わりはありません。

◆ 受験者数・合格者数・合格率

年度	受験者数	合格者数	合格率
第20回（2017年度）	13万1,560人	2万8,233人	21.5%
第21回（2018年度）	4万9,332人	4,990人	10.1%
第22回（2019年度）	4万1,049人	8,018人	19.5%（再試験含む）
第23回（2020年度）	4万6,415人	8,200人	17.7%
第24回（2021年度）	5万4,290人	1万2,662人	23.3%
第25回（2022年度）	5万4,406人	1万328人	19.0%

※第26回以降は厚生労働省のウェブサイトにてご確認ください。

合格したら実務研修の申込手続きへ

　合格発表は11月下旬〜12月上旬です。**各都道府県の試験実施団体のウェブサイトなどで公表**されます。各都道府県によって発表時刻が異なりますが、合格基準は全国どこでも同じですので、ほかの都道府県の発表が早ければそのウェブサイトで確認してもよいでしょう。

　また、同時に受験者には書類等が送られます（発表当日に届く都道府県もあれば、発表日に投函する都道府県もあるようです）。**合格者はその後、実務研修に進んでいきますので、書類を確認して申込等の手続きを忘れないようにしましょう。

② 効果的な学習プランの立て方

　ケアマネ試験は毎年10月に実施されますが、難関試験で一発合格を目指すには、使用教材の選定や無理のない学習スケジュールを立てることが必要です。ここでは、効果的に学習ができる教材や目安となるスケジュールをご紹介します。

ケアマネ試験のおすすめ教材

　学習では、国が示しているケアマネ試験の出題範囲に準拠している『［九訂］介護支援専門員基本テキスト』（一般財団法人 長寿社会開発センター）が基本書となりますが、**独学者では一人で読み進めていくのが難しいため、より試験対策を意識した書籍で学習するほうが効率的です。**以下におすすめの教材をあげていますので、教材選びの参考にしてください。

❶入門書（本書）

　まずは本書を通読してケアマネ試験の全体像と基礎用語を把握しましょう。以降の学習が効率的に進みます。本番直前対策のまとめとしても使えます。

❷テキスト

『この1冊で合格！ 馬淵敦士のケアマネ テキスト＆問題集』
（KADOKAWA）

　図表を豊富に使用した、読みやすいテキストに仕上げています。練習問題も豊富で、合格に必須な知識の定着（インプット）と問題演習（アウトプット）がこの1冊で可能です。巻末ページもご覧ください。

❸過去問題集

『ケアマネジャー試験 過去問解説集』（中央法規出版）

　私が毎年解説を執筆している過去問集です。過去5回分を収録しており、過去問はこの1冊を解けば十分でしょう。また、一部の問題には「解き方のテクニック」という5択から正解を絞るためのヒントも付けていますので、参考にしてください。

❹動画による講座

本書を出版している KADOKAWA では、「カドセミ STORE」というサイト内にて、ケアマネ試験対策のための動画コンテンツも提供しています（本書とは別商品であり、ご提供は特定の期間限定です）。

さらに、いまは YouTube などでケアマネの受験情報が公開されています。私も以前から試験対策動画をアップしていますので、苦手な分野がある場合は動画で学習すると理解の助けになるでしょう（「ケアマネ　馬淵」で動画検索してみてください）。

また、ベストウェイケアアカデミーでも DVD 講座などを提供しています。

学習スケジュール

ケアマネ試験の学習期間は約 7 カ月強が平均のようです。受験者は仕事をしながらの学習となる場合がほとんどだと思います。**スキマ学習や完璧を目指さない学習法で、効率的に合格に必要な知識を獲得するようにしましょう。**

◆ ケアマネの標準的な学習スケジュール

準備期間	3月	まずは仕事の状況などに照らして無理のない学習スケジュールを立てることから始めましょう。また、本書を使ってざっと基礎固めを行うとよいでしょう。
テキスト中心の学習期間	4月	テキストを使用して試験範囲を学んでいきます。理解が浅い分野については、DVD や動画の講座を利用したり、問題集を解いてみたりするのもおすすめです。
	5月	
	6月	
演習中心の学習期間	7月	過去問題集を使って、テキストで学んできた知識の定着を図ります。テキストと問題集を往復することで確実に得点力をアップさせましょう。
	8月	
直前期	9月	知識定着の総ざらいのために直前対策セミナーを受講したり、実力確認のために模擬試験を受けるとよいでしょう。
試験本番	10月	今まで学習してきた実力を発揮できるよう体調管理に注意しましょう。

③ 16 年の指導から編み出した 究極の学習法

合格者続出の 5 つの学習法

　ここからは、ケアマネ試験に受かるための具体的な学習法を紹介します。

　ちなみに、私は基本的に「勉強」という言葉を使いません。「勉強」というと、強制されている感じがして、いいイメージが持てないからです。一方、「学習」は「自ら学び習う」という意味ですから、そうした姿勢で学び続けてほしいという思いで「学習」法という言葉を使っています。

学習法① 「毎日、テキストに触れる」を習慣にする

　合格者のみなさんから必ず聞くのは、「毎日、学習しました」という言葉です。「継続は力なり」はやはりウソではありませんね。ただ、「毎日1時間、机に向かいましょう」と言われても、なかなか簡単ではないでしょう。そこで私は受験生に、「**とにかく毎日、ケアマネの学習に触れてください**」とアドバイスしています。

　「学習する」のではなく、「**触れる**」というのがポイントです。この「触れる」とはどういうことかというと、ケアマネテキストを「**持ち歩く・開く・目を通す**」の3つです。これだけでいいので、毎日続けてください。人間には、「不必要な情報」をすぐに忘れる能力と、「必要な情報」を脳に残す能力の両方が備わっているのです。そして、毎日繰り返しテキストを見ていれば、「**これは重要な情報である**」**と脳が認識し、その情報が脳に残りやすくなります。**だからこそ、「毎日触れる」が大事なのです。

学習法② 就寝時＆起床時に 5 分間テキストを見る

　ここで、「触れ方」の具体的な方法を紹介します。それは、「**寝る前5分間、本書を見ながら眠りにつき、起きて5分間、本書を見る**」です。

　学習スタート当初は「何が書いてあるのか、さっぱりわからない」とだんだん眠くなってしまうこともあるでしょう。そのときは迷わず寝てOKです。

そして目覚めたら枕元のテキストを手にとり、昨夜目を通した箇所を再度見ます。この夜と朝の合計10分間の「触れる」を毎日繰り返すのです。

これを毎日繰り返していると、「もっと知りたい」と、**テキストの関連部分を「読みたく」なってきます**。そうなれば、テキストを読む時間が自然と増えていきます。

学習法③　「問題演習」の繰り返しでアウトプット力を鍛える

ある程度知識がついても、残念ながら過去問が解けるようにはなりません。**「テキストを覚える」と「問題を解く」は、そもそも別物**だからです。

「テキストを覚える」というのは、「インプット」です。一方、「問題を解く」はアウトプットです。インプットは、「運動」でいえば「筋トレ」です。たとえば、筋トレだけをやっていても、野球の試合でヒットやホームランを打つのは難しいでしょう。打てるようになるには、やはりバッティング練習が必要です。つまり、問題を解けるようになるには、問題を実際に解く練習（トレーニング）が必要なのです。それが、「問題演習」です。

ただし、合格するレベルにまで持っていくには、これでは不十分です。たとえば、野球でも、ただストレートだけを打てるようになっても活躍できませんよね。時には変化球を打つ練習もして、トレーニングのバリエーションを増やしていく必要があります。試験の学習法においてその部分に当たるのが、**直前期に行う「過去問」などの活用**です。

学習法④　「9割学習法」で、本番は8割獲得を目指す

ケアマネ試験は、7割正解できれば合格できる試験だと先述しました。とはいえ、「7割」を目指して学習するのはオススメできません。かといって、「10割を目指せ」といっているわけでもありません。

私のオススメは9割学習法です。これは、**出題範囲の9割を学習する**ことで、**本番では8割獲得を目指す**という学習です。緊張してマークシートを塗り間違えるなどの不測の事態を想定し、1割程度の失点を見積もっておきます。これを前提に、事前に9割を学び、本番で8割正解を目指すのです。

なお、幅広い出題範囲の中で「9割」を選び出していくには、**過去問をどんどん解いて、出題傾向をつかんでいく**必要があります。本書でも、過去問分析で抽出した出題ポイントを右ページの「ワンポイント」で述べています。

学習法⑤　模擬試験で意識するのは、「試験の疑似体験」

本番までに、会場での模擬試験を1度は受験しておきましょう。これは、本番前の「練習試合」のようなものです。ただし、そこで「勝つ」必要はありません。それよりも、時間配分はどうだったか、マークミスはなかったか、緊張しなかったかなどを、試験後にきちんと振り返りましょう。

一方で、結果表の中で、**正答率70%以上の問題を間違えていないか**を確認します。ほかの多くの受験者が正解している問題を間違えれば、本番での「命取り」につながります。そうした問題はしっかり復習してください。

覚え方のポイント4原則

以上が、私がお勧めする5つの学習法です。では、具体的にインプットするにはどうすればよいのでしょうか。実際、受験者の多くは、仕事や家事、子育てなどをしながらの受験勉強となるでしょう。そこで、**短時間で効率的に覚えるための4つの原則**を紹介していきます。

原則①　「ゴロ合わせ」は使わない

ケアマネ試験の性質上、ゴロ合わせはあまり有効とはいえません。

ケアマネ試験は実務研修を受講するための試験であり、そこで培った知識は現場でも大きく役に立ちます。そのため、ケアマネになってから再度覚え直すよりも、今のうちにしっかりとした知識を身につけておいたほうが結果的には非常に効率的だからです。その意味で、ゴロ合わせで表面的に覚えるよりも、「知識」として確実に身につけるほうが賢明なのです。

原則②　項目の「数」を活用する

たとえば、「社会保険」という項目があります。インプットする際には、

最初から「労働、雇用……」と中身を覚えていくのではなく、まず「**社会保険は5つある**」と項目の「数」を覚えてしまいましょう。そのうえで中身をインプットしていきます。一気に覚えるよりも、このようにスモールステップに分けて覚えたほうが、インプットしやすくなります。

　こうした数字を活用する効果はもう1つあります。それは、「社会保険には、医療と介護と、あとは何があるんだったっけ？」となった場合に、「あと3つ覚えればいいんだ」と**ゴールが明確になる**ことです。マラソンは42.195kmという非常に長い距離を走りますが、なぜ多くの人が完走できるのかというと、ゴールが明確だからでしょう。

原則③　細部まで覚えるのはNG

　細かいところまで覚えないことも、試験に受かるためには重要です。細部まで覚えようとすれば、いわゆる「沼」にはまってしまうからです。

　とくに保健医療分野の疾病などは、調べれば調べるほど、たくさんの情報が出てきて、医学の専門書レベルになってしまいます。しかし、試験にはそこまで出題されません。そのため、**浅く広く覚えることが重要**で、それぞれの病気の全体像を把握し、関係ある部分だけを覚えればいいのです。

原則④　「長い名前」には意味がある

　効率的な学習を進める中で、逃げてはならない「長い名前」もあります。「介護給付費等審査委員会」などです。これはそのまま覚える必要があります。というのも、**名前そのものが正解を導き出すヒント**になってくれるからです。たとえば、「介護給付費等審査委員会はどこに設置されるか」という出題があった場合に、「『介護給付費』を『審査』するのはどこか」と、この2つのキーワードから「国民健康保険団体連合会」という正解を導き出せます。

　一方、「国民健康保険団体連合会」については、国民健康保険に関する出題がないため、「国保連」と短縮して覚えるだけでOKです。

第1章

介護支援分野

第2章

保健医療分野

第**3**章

福祉サービス分野

本文デザイン・DTP　Isshiki
本文イラスト　寺崎愛

本書は、原則として 2023 年 10 月時点での情報を基に原稿の執筆・編集を行っています。試験に関する最新情報は、試験実施機関のウェブサイト等でご確認ください。

第 1 章

介護支援分野

介護保険制度に関する内容が幅広く出題されます。介護保険制度の仕組みを知るとともに、保険者・被保険者の関係や事業者・施設の役割、ケアマネジメントの内容などを理解していきましょう。業務を行ううえでも必要な知識となりますので、この分野の知識の習得は必須です。

「介護保険制度」は社会保険の１つ

介護保険は「要介護状態・要支援状態」の人を対象とした公的保険です

　現在、日本は超高齢社会といわれています。超高齢社会とは、高齢化率（高齢者人口が全人口に占める割合）が21％を超える社会を指しますが、日本の高齢化率は29.0％（『令和５年版 高齢社会白書』）となっています。

　高齢者の介護は、家族だけでなく、社会全体で支えなければならない課題であるとして、1997（平成９）年に**介護保険法**が制定されました。**介護保険は、社会での相互扶助の考え方により、「社会保険」として運用**されています。

介護保険での給付対象となる要件は？

　社会保険とは、いわゆる「公的保険」といわれるものです。

　民間の保険（私保険といいます）は、加入者の保険料だけで運用されています。そのため、保険会社は保険料を徴収するために加入者を集める必要があります。一方、社会保険では決められた人の全員加入が必須で、保険料が強制的に集められ、そこに税金（公費）も投入して運用されます。

　社会保険には、それぞれの保険事故（保険金の支払いの対象となる偶然な事実のこと）に対応して**医療、年金、雇用、労災、介護の５種類**があります。そのうちの介護保険は、労災保険に次ぐ５番目の社会保険として、2000（平成12）年４月にスタートしました。

　何が保険事故の対象となるかは、保険者と被保険者の約束ごとによって決まっています。たとえば、風邪をひいたこと（病気）は、医療保険の保険事故に該当し、医療保険が使えます。

　では、骨折して車いす状態になった高齢者は介護保険を使えるのでしょうか。厳密にいえば、それだけでは使えず、**介護保険の保険事故とは、「要介護状態・要支援状態」になったとき**です。そして、介護保険を使う場合は、要介護認定などの申請を行わなければなりません（42ページ参照）。

◎ 社会保険の種類と保険事故

種類	保険事故
医療保険	病気やケガ（仕事以外）
年金保険	老齢や障害、死亡（遺族）
雇用保険	失業など
労災保険	仕事上の病気やケガ
介護保険	要介護状態など

> 日本には、現在、5種類の社会保険（公的保険）があります。それぞれの保険事故に対応して保険給付が行われます

◎「介護保険法」の重要条文、ここがポイント！

**第1条
（目的）**

目的は、「国民の保健医療の向上及び福祉の増進を図ること」

①利用者の尊厳を保持する
②利用者ができる限り自立した日常生活を営むことができるように支援する
③国民の共同連帯の理念に基づく

**第2条
（介護保険）**

介護保険法の4つの理念とは？

①要介護状態等の軽減と悪化の防止
②医療との連携
③被保険者の選択による総合的・効率的なサービス提供
（選択は、事業者・施設やサービス内容など多岐にわたる）
④居宅での自立した日常生活

**第4条
（国民の努力
及び義務）**

国民が行う努力と義務とは？

①できるだけ要介護状態にならないようにする
②要介護状態になっても、それ以上、悪化しないようにする
③共同連帯の理念に基づき、保険料を納める

**第5条の2
（認知症施策
の推進）**

認知症施策として国および地方公共団体が行うことは？

①認知症に関する知識の普及および啓発に努める
②認知症の予防・診断および治療・リハビリなどの研究を進め、普及させるように努める
③認知症の者および介護をする者への施策を総合的に推進するように努める
④認知症の者および家族の意向の尊重に配慮するように努める

📖 ワンポイント

ほぼ3年に1回変更される介護保険法改正の
各ポイントをしっかり学んでおこう！

介護保険法条文は前年度に出題されています。また、介護保険法の
改正点はしばしば問われますので、確実に学んでおきましょう。

介護保険は国の制度ですが、
直接の業務を行う「保険者」は市町村です

保険者は、保険事故が起こったときに、保険給付（54 ページ参照）を行う者のことです。介護保険の場合、保険者は「**市町村および特別区**」と定められていますが、特別区は東京 23 区だけなので、「**市町村**」と覚えましょう。

市町村とはいえ、大きい市から小さい村まで規模はさまざまです。そのため、中には単独で保険者になれない市町村もあります。その場合は、**近隣の市町村と協力して共同で保険者となることができます**（これを、広域連合や一部事務組合といいます）。

介護保険のルールは「条例」によって定められる

保険者の仕事は数多くあり、すべてを覚えるのは容易ではありません。そこで、試験対策としては、出題されやすいところを押さえましょう。まず覚えたいのは次の仕事です。

- ・ 被保険者の**資格の有無**の管理
- ・ 保険証（介護保険被保険者証）の発行
- ・ 認定調査（被保険者が、介護が必要な状態にあるかの調査）に関する事務
- ・ 介護保険サービスを行う一部の事業者などの**監督**

介護保険では、都道府県・市町村ごとのルールが**条例**で定められています。条例とは、「**その地域だけで有効な決まりごと**」のことです（一方、全国共通のルールのことを「法律」といいます）。

たとえば、介護保険において第 1 号被保険者（28 ページ参照）の保険料は、市町村条例で定めることになっています。これはつまり、**各市町村によって保険料が異なる**ということを意味します。

介護保険は国の制度ですが、そのルールにおいては、このように市町村ごとに決められているものが数多くあります。

◎ 出題されやすい「保険者の仕事」

被保険者の資格管理	・被保険者証の交付 ・住所地特例の管理（34ページ参照）
要介護認定等に関する事務	・認定事務（38ページ参照） ・介護認定審査会の設置（48ページ参照）
サービス提供事業者 に関する事務	・下記事業の指定等を行う 　①地域密着型サービス（72ページ参照） 　②地域密着型介護予防サービス（72ページ参照） 　③居宅介護支援（70ページ参照） 　④介護予防支援（70ページ参照）
地域支援事業に関する事務	・地域支援事業の実施（88ページ参照） ・地域包括支援センターの設置（88ページ参照） ・第1号介護予防支援事業の指定等
市町村介護保険事業計画 に関する事務	・市町村介護保険事業計画の策定（76ページ参照） ・自立支援等施策にかかる取組み
保険料に関する事務	・第1号被保険者の保険料率の決定（82ページ参照） ・保険料の普通徴収の納期決定（82ページ参照）
財政運営に関する事務	・特別会計の設置 ・財政安定化基金への拠出（86ページ参照）

「特別会計」とは、「目的外に使うことができない会計」のことです。介護保険のために集めたお金が、ほかの目的に使われないために、「介護保険以外に使ってはいけません」という特別会計を設置しているわけです

◎ 市町村の「条例」で定める事項とは？

市町村ごとにルールが異なる主なもの

①介護認定審査会の委員の定数
②支給限度基準額の上乗せ（区分、福祉用具購入費、住宅改修）
③支給限度基準額の設定（種類）
④第1号被保険者に対する保険料率の算定
⑤普通徴収にかかる保険料の納期
⑥地域包括支援センターの基準

ワンポイント

保険者は「誰」かや、保険者の「仕事」は必ず押さえておこう！

介護保険の保険者は「市町村および特別区」です。保険者の仕事は、ケアマネ試験では必ず出題される単元です。細かい部分まできちんと覚えておきましょう。

03 国や都道府県の仕事

国の仕事は、介護保険の大枠を決めること。
都道府県の仕事は、市町村等の後方支援です

　都道府県は、保険者である市町村等の**後方支援（バックアップ）**を行います。つまり、市町村等だけで解決しない・決められない事柄について、都道府県が手を差し伸べる仕組みがあるわけです。

　具体的には、市町村が作成する介護保険事業計画（76 ページ参照）について技術的助言を行ったり、市町村の財政が苦しくなった際に交付や貸付を行う財政安定化基金（86 ページ参照）の管理を行ったりするなどです。また、介護保険サービスを行う事業者・施設の監督権限も持ちます。

　一方、国の仕事は**介護保険の大枠を決める**ことです。たとえば、介護保険法では、各種の「基準」が全国一律でなければならないと定められていますが、その基準を決めるのは国です。具体的には、要介護状態の認定基準や介護報酬の算定基準などです。実際、同じ人物に対する認定基準がA市とB市とで異なれば、おかしなことになってしまいます。また、介護報酬についてもベースは国が定めます。

　昨今は、都道府県や市町村に委ねられることが増加傾向にあります。これは、介護保険に限らず、都道府県や市町村に権限が委譲されることが増えているからです。つまり、**国が大枠を決めて、細かいことは都道府県や市町村に任せる**方針となっているのです。

大都市特例とは？

　介護保険法では、人口 50 万人以上の指定都市と、人口 20 万人以上の中核市は、都道府県と同程度の権限を持っています。これを**大都市等の特例（大都市特例）**といいます。「大きな市ならば都道府県の事務の一部はできる」というわけです。そのため、本来は都道府県が行うことを、市町村が行っているケースもあります。

◎ 都道府県の主な仕事

要介護・要支援認定業務 の支援に関する事務	・市町村からの審査判定業務の受託など ・指定市町村事務受託法人の指定
財政支援に関する事務	・保険給付、地域支援事業に対する財政負担 ・財政安定化基金の設置・運営（86ページ参照）
サービス提供事業者 に関する事務	・下記事業の指定等を行う 　①居宅サービス（68ページ参照） 　②介護予防サービス（68ページ参照） 　③介護保険施設（74ページ参照）
介護支援専門員 に関する事務	・介護支援専門員の登録等（98ページ参照） ・介護支援専門員証の交付
介護サービス情報の公表 に関する事務	・介護サービス情報の公表および調査（94ページ参照） ・介護サービス事業者に対しての指導監督
介護サービス基盤の整備 に関する事務	・都道府県介護保険事業支援計画の策定（78ページ参照） ・市町村介護保険事業計画の策定への技術的助言
その他の事務	・介護保険審査会の設置・運営

◎ 国の主な仕事

各種「基準」等の設定 に関する事務	・下記の「基準」の設定に関する事務 　①要介護・要支援の認定基準 　②介護報酬の算定基準 　③区分支給限度基準額 　④第2号被保険者の保険料負担率

◎ 自治体に委任されている「基準」

都道府県の条例に委任されるサービス	市町村の条例に委任されるサービス
①基準該当居宅サービス ②基準該当介護予防サービス ③指定居宅サービス ④指定介護予防サービス ⑤指定介護老人福祉施設 ⑥介護老人保健施設 ⑦介護医療院 ⑧指定介護療養型医療施設※	①基準該当居宅介護支援 ②基準該当介護予防支援 ③指定地域密着型サービス ④指定地域密着型介護予防サービス ⑤指定居宅介護支援 ⑥指定介護予防支援

※2024（令和6）年3月末で廃止

ワンポイント

都道府県の仕事も出題されやすいので、
しっかりチェックしよう！

試験では、保険者である市町村だけでなく、市町村をバックアップ
する都道府県についても出題されやすくなっています。

04 被保険者の資格要件

介護保険の被保険者には、
第1号被保険者と第2号被保険者があります

　介護保険の**被保険者**とは、「**介護保険に加入している者**」のことです。介護保険は民間の保険と違い、加入したい人だけが加入する保険ではなく、**決められた人がすべて加入する**ことになっています（22ページ参照）。

　その資格要件は、次の2つに分類されます。

①**第1号被保険者**：市町村の区域内に住所を有する65歳以上の者

②**第2号被保険者**：市町村の区域内に住所を有する40歳以上65歳未満の者で、**医療保険に加入している者**

「市町村の区域内に住所を有する」とは、「住民票がある」ということです。「保険者」である市町村が、住民票のある住民に対してサービスを行うというイメージです。また、第2号被保険者の要件となっている「医療保険に加入している」とは、公的医療保険（国民健康保険や協会けんぽ、会社の組合保険など）に加入しているということです。

　ちなみに、日本では国民皆保険制度が施行されているため、非加入者はいないと思われがちですが、「生活保護受給者は国民健康保険に加入できない」という決まりもあり、非加入者も存在しています。

日本に居住していない日本人も、被保険者になれる？

　被保険者の資格要件に「日本人である」とは書かれていません。そのため、外国人でも、日本に住民票があるなどの資格要件を満たせば、介護保険の被保険者となります。一方、外国に居住し、日本に住民票がない日本人は、「市町村の区域内に住所を有する」という資格要件を満たさないため、被保険者となりません。

　生活保護の受給者の場合、資格要件を満たせば被保険者となりますが、医療保険に加入していない場合は、第2号被保険者の資格要件を満たせません。

◎ 被保険者の資格要件のポイント

第1号被保険者

| 住民票 | ＋ | 65歳以上 |

第2号被保険者

| 住民票 | ＋ | 40歳以上 65歳未満 | ＋ | 医療保険に 加入 |

◎ 被保険者になれる人、なれない人

・69歳のアメリカ人
・日本に住民票あり

→ ○

資格要件を満たしていれば、外国人も被保険者になれる

・43歳の日本人
・アメリカ在住
（日本に住民票なし）

→ ✕

資格要件として、日本に住民票があることが必須

・69歳の日本人
（日本に住民票あり）
・生活保護受給者

→ ○

資格要件を満たしていれば、生活保護受給者は被保険者になる

生活保護受給者は、原則として、住民票を有しています

ワンポイント

資格要件では、年齢のほかに、住民票の有無や医療保険の加入もチェック

被保険者の資格要件をクリアしているかは、「住民票があるか」（市町村の区域内に住所を有するか）や、「医療保険に加入しているか」という部分がポイントになります。

05 強制適用と適用除外

介護保険の資格要件を満たしていても、
「適用除外」で被保険者とならない場合もあります

　介護保険のような社会保険では、28ページの資格要件に当てはまる人すべてが被保険者になります。これを**強制適用（強制加入）**といいます。なぜ強制適用かというと、「介護保険を使う意思はないから被保険者にならない」といった人が続出すれば、保険料の徴収が難しくなり、保険制度そのものが成立し得なくなりかねないからです。

　しかし、保険給付を受ける可能性がほぼゼロであった場合、「保険料を納める必要があるのか」という議論が出てきます。そこで、介護保険では、そうした場合に該当する人からは保険料を徴収しないことになっています。これを**適用除外**といいます。

　どういう人が適用除外になるかといえば、「介護保険以外からサービスを受けている人」です。具体的には、**障害者支援施設等に入所している人たちが該当**します。

第2号被保険者は「資格取得」の届出が不要

　社会保険では、被保険者は保険者にさまざまな届出をしなければなりません。しかし、介護保険の場合、「自動的に」変更されることが多いため、届出が不要のケースが少なくありません。

　実際、**第2号被保険者は、その資格取得（つまり、40歳になったとき）に際して、届出が不要**であるとされています。その理由は、医療保険者への届出を行うことで、自動的に介護保険の情報として取り扱われるからです。

　また、引っ越しなどで住所が変わった場合も、自動的に変更されます。というのも、市町村の住民課でその手続きを行えば、その変更情報が住民課から介護保険の担当課へと伝えられ、介護保険の情報も自動的に変更される仕組みになっているからです。

◎ 強制適用とは？

強制適用　その資格要件に当てはまると、必ず被保険者になる

| 39歳11カ月 | | 40歳0カ月 |

・住民票あり
・医療保険加入　→　**介護保険 第2号被保険者に**

◎ 適用除外とは？

適用除外　介護保険の被保険者となっても、介護保険の保険給付を受ける可能性がゼロの場合、保険料を徴収しないこと

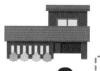

介護保険の資格要件を満たす

・40歳
・住民票あり
・医療保険加入

ただし……

この人は、障害者支援施設に入所しており、サービスをすべて障害者支援施設で受けている

↓

介護保険の被保険者になっても、介護保険の保険給付を受ける可能性がゼロ

↓

適用除外

「適用除外」施設のキーワードは、「障害（児・者）・生活保護・ハンセン病療養所」です

📖✍ **ワンポイント**

届出については、第1号被保険者に関するものを押さえればOK！

第1号被保険者、第2号被保険者ともに、原則、自動的に資格を取得します。ただし、第1号被保険者については、届出が必要なケースがありますので注意しましょう。

06 被保険者資格の取得・喪失

被保険者資格の取得は「当日」。
喪失は原則として、失う出来事があった「翌日」

　介護保険の被保険者となる資格は、「いつ」取得することになるのでしょうか。資格取得のタイミングは、**資格要件に当てはまるその日（当日）**です。

　たとえば、介護保険では第1号被保険者には「65歳以上」、第2号被保険者には「40歳以上65歳未満」という年齢要件があります。各年齢到達による資格取得については、「**その年齢になった日**」となります。

　ただし、「誕生日の当日」ではないことには注意しましょう。たとえば、住民票があり、医療保険に加入している39歳の人が40歳の誕生日（11月22日とします）を迎えた場合、「いつ」第2号被保険者になるかというと、実は「11月21日（誕生日の前日）」です。これは、民法で「**年をとる（満年齢到達日）のは誕生日の前日**」と規定されているからです。

　余談になりますが、学校の1学年は「誕生日が4月2日〜翌年4月1日」の集団になっています。これもこの民法の規定によるものです。

被保険者の「資格喪失」のタイミングは？

　一方、被保険者資格を喪失するのはいつでしょうか。これについては、資格要件を失う出来事があった「翌日」となっています。たとえば、被保険者が11月1日に死亡した場合、被保険者資格の喪失は11月2日になります。

　一方、第2号被保険者が医療保険の加入者でなくなった場合は、医療保険と合わせて**加入者でなくなった日（当日）**に資格を喪失することになります。

　介護保険の資格取得と資格喪失の手続きは、第1号被保険者と第2号被保険者とでは取扱いが異なります。取得に関しては、第2号被保険者の場合、先述した通り（30ページ参照）、手続きをする必要はありません。一方、第1号被保険者の場合、65歳到達による資格取得に際して、原則、手続き不要ですが、いくつかのケースで届出が必要なことがあります。

◎ 被保険者資格の取得・喪失のポイント

取得

・11月22日に40歳になる

資格取得は、**11月21日**
（誕生日の前日）

 A市 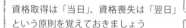 **10/25** 引っ越し B市

B市の被保険者資格を
10月25日に取得
（当日に取得）

資格取得は「当日」、資格喪失は「翌日」
という原則を覚えておきましょう

喪失

・89歳
・11月1日に死亡（死亡届の提出）

11月1日に死亡した場合、
11月2日に資格を喪失
（翌日に喪失）

【例外】

 第2号被保険者

・49歳
・11月30日に医療保険を脱退

資格喪失は、**11月30日**
（脱退した当日に喪失）

ワンポイント

資格取得要件の「その年齢になった日」は、誕生日ではなく、その「前日」である

被保険者資格については、「いつ」資格を取得し、「いつ」資格を喪失するのかがしばしば出題されます。「翌日」「当日」「前日」のどれに該当するのかを整理しておきましょう。

07 住所地特例

住所地特例は「住所地特例対象施設」に
入所する場合に適用されます

　介護保険では、被保険者の**住民票がある市町村が介護保険の保険者になる**
のが通例です。これを**住所地主義**といいます。一方、**住所地特例**というのも
あります。これは、「住所地特例対象施設に入所するために住所を移転させ
た場合は、**その施設に入所する前の市町村が保険者**となる」という特例です。

住所地特例は、保険者間の不公平を解消するためのもの

　たとえば、ほぼ同じ規模で隣接するA市とB市があり、A市には1,000
人が入所できる特別養護老人ホームがあり、B市には特別養護老人ホームが
ゼロだったとします。

　この場合、B市に住む被保険者で特別養護老人ホームに入所する必要が出
てきた人の多くが、A市にある特別養護老人ホームを選ぶことが予想されま
す。そうなると、住民票はA市に移り、保険者はA市に変更となります。

　住所地主義の考え方では、B市からA市に移転してきた人の特別養護老人
ホームにかかる費用はすべてA市の負担となります。もしB市からA市にどん
どん被保険者が流入してしまえば、A市の負担は増大します。

　こうした不公平を解消するためのものが、住所地特例です。この特例によっ
てA市の特別養護老人ホームに入所している被保険者の保険者はB市となり、
被保険者にかかる費用を負担することになります。その結果、不公平を解消
できるというわけです。なお、住所地特例は、**あらかじめ定められた住所地**
特例対象施設に入所する場合だけが対象となります。

　この場合の被保険者の手続きですが、B市からA市に住民票を移す際に、
B市に**住所地特例適用届**を提出します。また、A市の特別養護老人ホームを
退所し、B市の自宅に戻る場合は、B市に**住所地特例終了届**を提出すること
になります。

◎「住所地主義」とは?

| 住所地主義
（原則） | A市に住民票がある者は、A市が保険者となる |

住民票 ＝ 保険者

A市

◎「住所地特例」とは?

| 住所地特例
（例外） | A市に住んでいる被保険者がB市やC市の施設に入所した場合、住民票はB市やC市に移転するが、保険者はA市のままとなる |

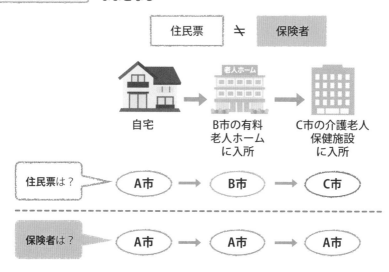

住民票 ≠ 保険者

| 自宅 | B市の有料
老人ホーム
に入所 | C市の介護老人
保健施設
に入所 |

住民票は？ A市 → B市 → C市

保険者は？ A市 → A市 → A市

📖 ワンポイント

住所地特例対象施設に入所した場合、
「誰」が保険者になるかを押さえよう！

その者の住民票がある市が保険者となる「住所地主義」の考え方を理解したうえで、どのケースで「住所地特例」が適用になるかを判断できるようになることが大切です。

08 被保険者証は誰に交付される？

第1号被保険者は「全員」。第2号被保険者は「交付請求」または「要介護認定等を申請」をした者です

　一般的に「保険証」と呼んでいるものは、正式には「被保険者証」といい、介護保険の保険証の正式名称は**介護保険被保険者証**となります。

　医療保険の被保険者証は世帯単位での加入となり、保険証については1人に1枚交付されますが、医療保険とは別に介護保険被保険者証は個人単位で交付されます。ただし、介護保険被保険者証は、被保険者全員が持っているわけではありません。

　まず、**第1号被保険者は全員に交付**されています。資格要件に当てはまる人に「自動的に」送られてくるシステムになっているのです。一方、第2号被保険者の場合、交付対象は全員ではありません。**交付請求をした人**と、**要介護認定等を申請（42ページ参照）した人**にのみ交付されます。

介護保険被保険者証は、どんなときに必要か？

　介護保険被保険者証の役割としては、大きく次の2つがあります。

　　①**要介護認定等の申請時に市町村に提出する**

　　②**介護保険サービスを使う際、事業者や施設に対して提示する**

　介護サービスを受ける前に、保険給付を受ける状態（「要介護状態・要支援状態」といいます。38ページ参照）にあるかどうかの確認を行わなければなりません。その「確認」を行ってもらうためのアクションが①の「要介護認定等の申請」です。その際に、介護保険被保険者証を市町村に提出する必要があるわけです。

　介護保険被保険者証の様式は、全国一律（全国どこでも同じ）です。記載内容は、住所・氏名・生年月日のほか、要介護状態区分（48ページ参照）や認定の有効期間、介護保険施設等の入所（入院）・退所（退院）の年月日などがあります。

◎ 介護保険被保険者証が交付されるのは？

第1号被保険者

・全員に交付

第2号被保険者

・交付請求をした者
・要介護認定等を申請した者

◎ 介護保険被保険者証

（一）		
介 護 保 険 被 保 険 者 証		

被保険者
番号／住所／フリガナ／氏名／生年月日 明治・大正・昭和　年　月　日／性別 男・女／交付年月日 令和　年　月　日

保険者番号並びに保険者の名称及び印　**359052**　○○県○○市○○町1丁目34番地　○○市　○○○－○○○－○○○○

（二）
要介護状態区分等／認定年月日 令和　年　月　日／認定の有効期間 令和　年　月　日～令和　年　月　日／区分支給限度基準額／居宅サービス等 令和　年　月　日～令和　年　月　日　1月当たり／（うち種類支給限度基準額）サービスの種類／種類支給限度基準額／認定審査会の意見及びサービスの種類の指定

（三）
給付制限　内容　期間／開始年月日 令和　年　月　日　終了年月日 令和　年　月　日（複数）／居宅介護支援事業者若しくは介護予防支援事業者及びその事業者の名称又は地域包括支援センターの名称　届出年月日 令和　年　月　日／介護保険施設等　種類・名称　入所等年月日・退所等年月日 令和　年　月　日

認定を受けていない人の介護保険被保険者証では、当然ながら、「要介護状態区分等」の箇所が空白になっています

ワンポイント

被保険者証に書かれている様式や記載内容は、国が定めている

被保険者証の様式や記載内容は全国一律のため、どの市町村に住んでいても、同じ様式の被保険者証が交付されます。機会があったら、ぜひさまざまな市町村の被保険者証を見比べてみましょう。

09 要介護状態・要支援状態

介護保険の給付を受けるには、
要介護状態・要支援状態の認定が必要です

　介護保険の給付の対象となる保険事故とは、「**要介護状態・要支援状態に
なる**」です（22ページ参照）。では、要介護状態・要支援状態とはどのよう
な状態なのでしょうか。じつは、**第1号被保険者と第2号被保険者とではそ
の定義が異なります**。ここでは、第1号被保険者の場合の「要介護状態・要
支援状態」を見ていきましょう。

　たとえば、69歳の第1号被保険者であるAさんが、自宅の階段から転落
して骨折し、入院することになったとしましょう。

　Aさんは転落後すぐに救急車を呼び、病院に運ばれ、緊急手術となりまし
た。ところが、歩けるまで回復しないまま、1カ月後には退院。自宅で車い
す生活を送ることになりました。

　さて、この状態は「要介護状態・要支援状態」に該当するでしょうか。答
えは厳密にいうと「ノー」です。なぜなら、「要介護状態・要支援状態」と
認定されるには、**市町村によって、その状態が6カ月継続するかどうかが確
認**される必要があるからです。

「市町村の確認なし」では、保険が効かない

　この「**市町村による確認**」はとても重要です。たとえば、車いすでの生活
を余儀なくされたAさんの現状を見て、家族が「介護保険が使えるだろう」
と判断し、市町村の確認を得ることなくヘルパーさんに来てもらったとしま
しょう。その場合、その費用は全額自己負担となります。なぜなら、市町村
の確認を得ていないため、いわゆる「**保険が効かない状態**」だからです。

　介護保険の給付を受けるには、「市町村の確認」が大前提です。そして、
市町村に要介護状態・要支援状態の確認をしてもらうために、**認定の申請を**
行う必要があります（42ページ参照）。

◎ 介護保険は、「認定」なくして「保険事故」とならず

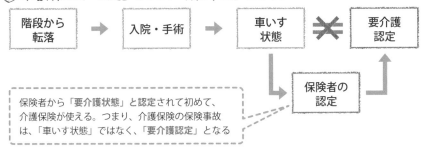

| 階段から転落 | → | 入院・手術 | → | 車いす状態 | ≠ | 要介護認定 |

保険者の認定

保険者から「要介護状態」と認定されて初めて、
介護保険が使える。つまり、介護保険の保険事故
は、「車いす状態」ではなく、「要介護認定」となる

◎ 要介護・要支援認定の流れ

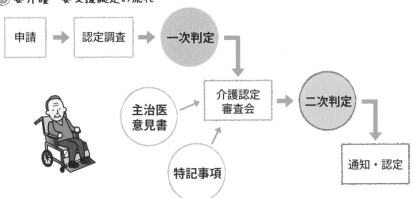

| 申請 | → | 認定調査 | → | 一次判定 |

介護認定審査会 → 二次判定

主治医意見書

特記事項

通知・認定

実際に「車いす状態」になっ
たときと、介護保険の保険事
故（要介護状態・要支援状
態）とのタイムラグに注意し
ましょう

ワンポイント

保険給付を受けるための要件は、要介護状態・要支援状態であること

介護保険制度では、「車いす状態になった」「認知症になった」だけ
では、保険給付は受けられません。要介護状態・要支援状態の認定
を経て、初めて保険給付を受けることができるのです。

10 特定疾病

でる度 ★★☆

第2号被保険者は、「特定疾病」の場合に、
要介護状態・要支援状態と認定されます

次に、第2号被保険者の場合の要介護状態・要支援状態について見ていきましょう。

たとえば、43歳のBさんが自宅の階段で足を滑らせ転落し、骨折したとしましょう。すぐに救急車を呼び、病院に運ばれ手術をしましたが、歩けるまでの回復には至らず、1カ月後に退院。車いすでの生活となりました。

ここまでは、前項のAさんと同じですね。では、BさんはAさんと同様に、市町村による確認・認定を行うことで介護保険のサービスが使えるようになるのでしょうか。答えは「ノー」です。「なぜ？」と思う人も多いかもしれませんが、理由は、介護保険法第1条に「**加齢に伴って生ずる心身の変化に起因する疾病等**により要介護状態となり」という文言があるためです。

つまり、前項で登場した69歳のAさんが階段から転落し骨折したのは、「**老化**」と判断され、一方、43歳のBさんの場合、転落→骨折の原因を「老化」と判断するには若すぎるため、「**不注意**」と判断されてしまうのです。そのため、要介護状態・要支援状態とは認定されないのです。

第2号被保険者は「特定疾病」がキーワード

では、第2号被保険者は、どのような状態のときに「要介護状態・要支援状態」と認定されるのでしょうか。それは、その原因が**特定疾病**の場合です。

特定疾病は**16疾病**あり（右ページ参照）、すべてが40代以降に発症する可能性が高い疾病となっています（「がん」については若い人にも起こり得るため、「40代以降」とするのはやや強引にも思われますが……）。

ちなみに、Bさんの今回のケースでは、介護保険のサービスは使えないものの、**身体障害者手帳**を申請するなど、在宅生活において**障害福祉サービス**を利用することは可能です。

◎ 同じ骨折→車いす状態でも……

第1号被保険者

69歳・男性

 階段から
転落・骨折

↓

入院・手術

↓

退院後、
車いす状態
での生活

→ 原因 → 要介護認定

加齢 → ○

第2号被保険者

43歳・女性

原因 → 要介護認定

不注意 → ✕

◎ 特定疾病には 16 種類ある

16種類の 特定疾病

① がん※
② 関節リウマチ
③ 筋萎縮性側索硬化症（ALS）
④ 後縦靱帯骨化症
⑤ 骨折を伴う骨粗鬆症
⑥ 初老期における認知症
⑦ 進行性核上性麻痺、大脳皮質基底核変性症およびパーキンソン病
⑧ 脊髄小脳変性症
⑨ 脊柱管狭窄症
⑩ 早老症
⑪ 多系統萎縮症
⑫ 糖尿病性神経障害、糖尿病性腎症および糖尿病性網膜症
⑬ 脳血管疾患
⑭ 閉塞性動脈硬化症
⑮ 慢性閉塞性肺疾患
⑯ 両側の膝関節または股関節に著しい変形を伴う変形性関節症

> 特定疾病はすべて覚える
> 必要はありませんが、基
> 本的に「加齢に伴い発症
> 頻度が高くなる」疾病と
> なります

※医師が一般に認められている医学的知見に基づき回復の見込みがない状態に至ったと判断したものに限る

ワンポイント

「特定疾病」は、第2号被保険者についてのみ採用されている概念である

16種類の特定疾病をすべて覚える必要はありませんが、「加齢」を
キーワードにして理解しておくとよいでしょう。

11

要介護認定・要支援認定の申請

認定を受けるための最初の段階が「申請」。
申請先は、市町村（保険者）です

　先述した通り、介護保険のサービスを使うためには、要介護状態・要支援状態を市町村に確認してもらう必要があります。そのためには、「確認してください」というアクションが必要となります。その「アクション」のことを、**要介護認定・要支援認定の申請**（以下「申請」）といいます。

　申請には原則として市町村の窓口に行く必要があります。その際には、**介護保険被保険者証**（36ページ参照）と**要介護認定申請書**が必要です。

　しかし、介護保険被保険者証を持っていない人がいましたね。そうです。第2号被保険者の場合、すべての被保険者に介護保険被保険者証が交付されているわけではありませんでした。そこで、交付されていない第2号被保険者の場合、介護保険被保険者証の代わりに、**医療保険の被保険者証を提示する**ことになります。

「代理」と「代行」とでは権限が異なる

　申請は原則、被保険者本人が行うことになっています。しかし、被保険者本人が入院しているなど、どうしても行えない場合があります。そういう場合は、本人の**代理**として家族などが行うことができます。また、介護支援専門員などによる**代行**（**申請代行**）も可能です。

　「代理」（家族など）は**本人の代わりに意思表示をすることが可能**ですが、「代行」（介護支援専門員など）はただその書類を提出するだけになります。

　たとえば、その書類に間違いがあった場合、代理人は、本人に確認することなく本人の代わりに書類を書き換えることが可能です。一方、代行人は、そうした対応は行うことができません。

　代理と代行は、同じように見えて、実は与えられた権限がまったく違うのです。

◎ 要介護・要支援認定の「申請」に必要なもの

被保険者

【申請に必要なもの】

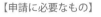

申請書

＋

**介護保険
被保険者証**

申請 →

A市

（保険者）

介護保険被保険者証のない
第2号被保険者は、医療保険被保険者証

◎「申請代行ができる者」は誰か？

「申請代行」ができる者

①地域包括支援センター
②居宅介護支援事業者
③地域密着型介護老人福祉施設
④介護保険施設
⑤成年後見人
⑥社会保険労務士
⑦民生委員

「代理」は、本人に代わって
意思表示ができますが、
「代行」はできません。
「代理」と「代行」の権限の
違いを理解しておきましょう

📖✏ ワンポイント

申請に必要なものや申請手続きができる者を
押さえるのがポイント！

申請に必要なものは「何」か、申請を行うのは「誰」かなど、少し細か
い事項となりますが、正しく覚えておく必要があります。また、申
請代行ができる者は「誰」かについても正しく覚えましょう。

12 認定調査

申請が受理された後に行われるのが認定調査。
全国一律の「基本調査項目」に基づき実施されます

　要介護認定・要支援認定の申請を受けた市町村（保険者）は、申請をした被保険者が「要介護状態・要支援状態に該当するのか」、さらに「どの要介護状態区分、または要支援状態区分に該当するのか」を確認していくことになります。その第一歩が**認定調査**です。

　認定調査とは、**認定調査員**が被保険者の自宅などを訪問し、国が決めた**認定調査の基本調査項目**に基づき、被保険者の現状に関する聴き取り調査を行うことです。

認定調査員になれるのは「誰」か？

　認定調査の基本調査項目は全国一律で、地域による差はありません。もし、住んでいる場所によって要介護状態・要支援状態の基準が異なれば、同じ人物なのにA市とB市とで要介護度が異なってしまうなど、困った事態になります。そうならないために、まったく同じ認定調査の基本調査項目を使用して聴き取り調査が行われているのです。

　なお、基本調査項目は**74項目**あり、確認はそれぞれ該当する部分にチェックをする形で行われます。チェックするだけでは被保険者の状態がうまく伝わらない場合は、別に記載する部分（特記事項）があり、そこに状態を詳しく記入します。

　全国一律での厳格な調査のため、誰でもできるわけではなく、認定調査員には、認定調査員研修などを受講し、一定の知識を持つことが求められます。また、公平・中立な調査のため、原則として初回（**新規認定調査**）については、市町村職員が行うことになります。一方、**更新認定**（50ページ参照）については、市町村職員だけでなく、右ページの下表に示した者に委託することも可能とされています。

◎「基本調査項目」の主な内容

① **身体機能・起居動作に関連する項目**
　　→ 麻痺等の有無、寝返り、歩行、洗身、視力、聴力など

② **生活機能に関連する項目**
　　→ 移動、嚥下、排尿、排便、洗顔、衣服の着脱など

③ **認知機能に関連する項目**
　　→ 意思の伝達、生年月日や名前を言う、徘徊など

④ **精神・行動障害に関連する項目**
　　→ 作話、感情の不安定さ、大声を出す、ひどい物忘れ、独り言など

⑤ **社会生活への適応に関連する項目**
　　→ 薬の内服、金銭の管理、集団への不適応、買い物など

⑥ **特別な医療に関連する項目**
　　→ 過去14日間に受けた特別な医療

⑦ **日常生活自立度に関連する項目**
　　→ 障害高齢者の日常生活自立度（寝たきり度）、
　　　認知症高齢者の日常生活自立度

基本調査項目は、細項目を含めると74項目からなっています

◎ 新規認定と更新認定では、認定調査員になれる者が異なる

認定調査員になれる者・なれない者	新規認定	更新認定
市町村職員	○	○
指定市町村事務受託法人	○	○
地域包括支援センター	×	○
指定居宅介護支援事業者	×	○
地域密着型介護老人福祉施設	×	○
介護保険施設	×	○
介護支援専門員	×	○

 ワンポイント

認定調査は「誰」が行うのかと、調査の「内容」を確実に覚える

認定調査において「新規（区分変更も含む）」と「更新」とで、それぞれ「誰」がなれるのかを覚えておきます。基本調査項目もよく出題されますので、上記7群の内容を押さえておきましょう。

13 「主治医意見書」は 誰が請求する？

でる度 ★☆☆

保険者が主治医に連絡をとり、
「主治医意見書」を書いてもらうのが一般的です

　申請をする際に、主治医の診断書が必要と思っている人は多いと思います。たしかに、医学的な見地からの意見は重要であり、要介護認定等を行ううえでは必要です。しかし、わざわざ主治医の診察を受けて、診断書をもらってくる必要はありません。なぜなら、**被保険者が申請をした段階で、市町村（保険者）が主治医に連絡**をとり、主治医意見書を書いてくれるようにお願いしているからです。

「主治医」がいない場合はどうする？

　申請に必要な**要介護認定申請書**（42ページ参照）には、主治医の氏名や連絡先を記載する欄があります。市町村はその欄を参考にして、主治医に連絡をとることになります。

　では、主治医がいない被保険者の場合はどうなるのでしょうか。「主治医意見書」ですから主治医が記載する必要があり、かつ要介護状態・要支援状態の認定には、医師の医学的見地が不可欠です。そこで、介護保険法では、主治医がいない場合は、市町村の指定する医師やその市町村の職員である医師（市民病院の医師など）が診断して、主治医意見書を記載する旨を定めています（第27条第3項但書）。なお、被保険者が正当な理由なくこの診断を拒否した場合は、市町村は申請を却下することができるとされています。

　主治医意見書は、被保険者の心身の状況や生活機能低下に関係している病気、現在受けている特別な医療など、医師という医療の専門家から見た被保険者の状態についての項目で構成されています。こうしたチェック項目に加え、治療内容などを自由記述できる欄もあります。

　そして、この主治医意見書は、介護認定審査会（48ページ参照）で主に使用されることになります。

◎ 主治医意見書の項目

| ① 基本情報 |
| ② 傷病に関する意見 |
| ③ 特別な医療（過去14日間以内に受けた医療） |
| ④ 心身の状態に関する意見 |
| ⑤ 生活機能とサービスに関する意見 |
| ⑥ 特記すべき事項 |

主治医意見書の内容は、当然「医学的見地」に基づいたものになります

◎ 主治医がいる場合・いない場合

主治医がいる場合

被保険者

A市
（保険者）

主治医意見書の記入を依頼 →

主治医

主治医がいない場合

被保険者

○○病院

市町村の
指定する医師

OR

A市立病院

市町村の職員
である医師

診察 →

主治医意見書の記入

📖✒ ワンポイント

主治医がいない場合は、医師の診断を受ける必要あり

主治医がいる場合、被保険者は主治医のもとにわざわざ診察を受けに行く必要はありません。一方、主治医がいない場合は、市町村に指定された医師や市町村の職員である医師の診察を受けます。

14 認定に関する「審査・判定」の流れ

コンピュータによる一次判定と介護認定審査会による二次判定があります

　介護保険の認定に関する審査・判定業務は、2回に分けて行われます。1回目が**一次判定**と呼ばれるもので、これは認定調査員が行った74の基本調査項目をコンピュータに入力することで判定結果が出ます。

　判定結果は、具体的に「58分」というように「時間」で出てきます。これは**要介護認定等基準時間**と呼ばれ、その被保険者に関して「**1日あたりの、介護が必要な程度**」を表しています。なお、この「58分」というのは、あくまでも「基準時間」であり、実際に必要な時間を表しているのではないということに注意してください。

　そして、要介護認定等基準時間が出たら、その時間から**要介護状態区分**もしくは**要支援状態区分**に当てはめていきます。この例の「58分」は「要介護2」（50分以上70分未満、またはそれに相当する状態）に当てはまります。

　一次判定のあとは二次判定です。なぜ二次判定が行われるのかというと、コンピュータによる一次判定だけでは、認定調査員が聴き取った特記事項（44ページ参照）や主治医意見書（46ページ参照）の内容が一切加味されないからです。

　そこで、一次判定の結果と、特記事項や主治医意見書の内容をもとに、二次判定が行われます。この判定は、市町村に設置された**介護認定審査会**という合議体で行われます。

「認定」は、市町村から被保険者に通知される

　二次判定の結果は、市町村に通知されます（被保険者に直接通知されるのではありません）。市町村はその結果をもとに被保険者に対して要介護認定もしくは要支援認定を行い、介護保険被保険者証にその旨を記載し、被保険者に通知します。

◎ 審査・判定の流れ

 一次判定

| 基本調査項目 | → | コンピュータに入力 | → | 要介護状態区分等の判定 |

要介護2

 二次判定

一次判定の結果	→	介護認定審査会	→	要介護状態区分等の判定
特記事項				
主治医意見書				

要介護2

通知

認定

> 「介護認定審査会」で認定は行いません。二次判定を行い、それを保険者（市町村）に伝えて保険者が認定します

通知 ➡

要介護2
○年■月△日
～▲年○月■日

A市
（保険者）

被保険者

📖 **ワンポイント**

一次判定と二次判定を経て
結果が被保険者に通知される

一次判定はコンピュータによる判定で、二次判定は「人」によるヒアリングや意見を加えた判定となります。

15 新規認定と更新認定

同じ認定であっても、新規認定と更新認定とでは、異なる点がいくつかあるので注意！

　介護保険の認定には有効期間があり、引き続き介護保険のサービスを受けたい場合には更新申請をし、再度、認定される必要があります（更新認定）。

　最初の認定である新規認定の**有効期間は原則6カ月**で、**更新認定は原則12カ月**となっています。

　新規認定が短めに設定されているのは、状態が変化する可能性があるなど、その段階ではまだ不確定要素が多いためです。一方、更新認定では、前回の状態と比較することができるため、**最長36カ月まで延長**され、かつ要介護度・要支援度が変わらない場合は**48カ月まで延長**することが可能です。

　それぞれの開始日ですが、新規認定では**申請日が開始日**となり、更新認定では**前の認定有効期間満了日の翌日が開始日**となります。

　新規認定は原則、市町村職員が行うことになっています。なぜなら、まったく初めての認定調査のため、客観的かつ公平・中立の立場で調査を行う必要があるからです。

　それに対して更新認定では、こちらも市町村職員が行うことが望ましいのですが、認定調査員の数が確保できない場合も考えられるため、**ほかの機関等に委託することも可能**です。

　その場合に、万が一、前回調査との比較で整合性がとれない箇所が出てきたとしても、介護認定審査会による二次判定で発見が可能なため、調査の客観性や公平・中立性は担保されるとしています。

「区分変更認定調査」とは？

　認定有効期間内において状態が大きく変化した場合などは、**区分変更認定**の申請を行い、再度、認定を受けることができます。この場合の取扱いは、**新規認定調査の扱いに準じること**とされています。

◎ 認定には「有効期間」がある

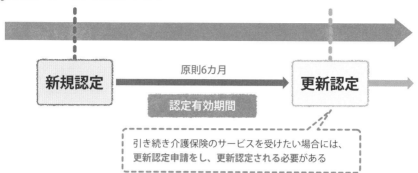

引き続き介護保険のサービスを受けたい場合には、更新認定申請をし、更新認定される必要がある

◎ 新規認定・更新認定・区分変更認定

	新規認定	更新認定	区分変更認定
認定有効期間	原則6カ月（＋α）	原則12カ月	原則6カ月（＋α）
延長短縮可能期間	3カ月〜12カ月	原則3カ月〜36カ月※	3カ月〜12カ月
開始日	申請日	前の認定有効期間満了日の翌日	申請日
認定調査員	原則、市町村職員	原則、市町村職員ただし、ほかの機関への委託も可能	原則、市町村職員
認定調査項目	一律		

※要介護・要支援度が変わらない場合は3カ月〜48カ月

【各認定の開始日】

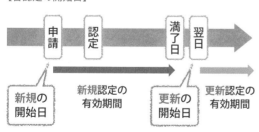

新規認定の開始日は「申請日」、更新認定の開始日は、前の認定有効期間満了日の「翌日」です

ワンポイント

新規認定と更新認定の「同じ点」と「違う点」を整理しておく

認定調査項目については両者で違いがありません。一方、認定有効期間や延長できる期間、開始日等については、両者で異なります。

16

ほかの法律との給付調整

介護保険法とほかの法律等とで同じ給付がある
場合、どちらを優先するかを覚えましょう

　介護保険法以外の法律でも、同じサービスを受けることが可能な場合、どちらの法律が優先されるのでしょうか。ここで、介護保険法と**障害者総合支援法**（174ページ参照）の両方が適用される場合を考えてみましょう。

　要介護5でかつ身体障害者手帳1級を持っているAさん（69歳）が、ホームヘルプサービスを利用する場合、制度上は、介護保険法の「訪問介護」と障害者総合支援法の「居宅介護」の両方を使うことが可能です。

　しかし、どちらも好きに使えるわけではありません。日本の社会保障制度では「**特定のケースでは、どちらかの制度を優先的に使っていく**」ことがあらかじめ決められています。これを**給付調整**と呼びます。そして、このケースでは**介護保険法を優先的に使っていく**となっています。

さまざまな法律との「給付調整」を押さえておこう

　そのほかの法律と介護保険法の給付調整としては、次のものがあります。

①「災害補償」等の各法律

　たとえば、労働災害などによって医療や介護を受ける必要が生じた場合、**労働者災害補償保険**（労災保険）で療養補償や介護補償が行われることになります。その補償と介護保険法の給付が重複する場合、**労災保険の給付が優先**されます。

②「医療保険」の各法律

　介護保険と医療保険の両方が利用できる場合（たとえば、訪問看護、居宅療養管理指導など）、重複する部分は**介護保険の給付が優先**されます。

③「生活保護法」

　生活保護を受給している介護保険の被保険者の場合、**介護保険の給付が優先**されます。

◎ 給付調整とは？

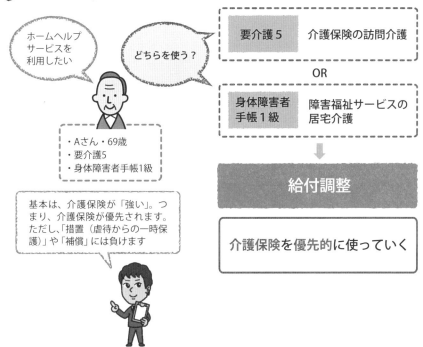

◎ 給付調整で、介護保険が勝つ場合・負ける場合

介護保険が勝つ場合	・医療保険各法 ・老人福祉法 ・障害者総合支援法 ・生活保護法 ・公費負担医療各法	これらの法よりも 介護保険が優先
介護保険が負ける場合	・災害補償関係各法 ・措置（虐待からの一時保護）	介護保険よりも これらの法等が優先

ワンポイント

介護保険が優先されないケースを覚えるのがコツ！

介護保険法とほかの法律とで同じ給付があった場合、ほとんどのケースで介護保険法が優先されます。そこで、逆に介護保険法が優先されないケースを覚えておくとよいでしょう。ちなみに、介護保険が優先されないもののキーワードは、「措置（虐待からの一時保護）」「補償」です。

17 保険給付の３つの種類

保険給付には、介護給付、予防給付、
市町村特別給付の３つがあります

　保険給付とは、何かあった（保険事故）ときに、被保険者が保険者から受けることができる「もの」です。ここで、「もの」といいましたが、介護保険の場合は、**給付内容によって「お金」か「サービス」を受ける**ことができます（64ページ参照）。

保険給付の種類は、大きく３つある

　介護保険制度の保険給付を大きく分類すると、以下の３つがあります。それぞれ財源については、①**介護給付**と②**予防給付**は税金などから、③**市町村特別給付**は第１号被保険者の保険料でまかなわれています。

①介護給付

　居宅サービス、施設サービス、地域密着型サービス、居宅介護支援があります。具体的には、訪問介護や通所介護などがあります。要介護１～５の被保険者が受けることができます。

②予防給付

　介護予防サービス、地域密着型介護予防サービス、介護予防支援があります。具体的には、介護予防訪問看護や介護予防通所リハビリテーションなどがあります（サービス名の前に「介護予防」とつくのが特徴です）。要支援１～２の被保険者が受けることができます。

③市町村特別給付

　これは、要介護者・要支援者に関係なく、**その市町村が独自で定めるサービス**のことです。たとえば、**車両による移送サービス、配食サービス、寝具乾燥サービス、一人暮らしへの見守りサービス**などがあります。

　介護給付と予防給付は全国どこでもあるサービスですが、この市町村特別給付については、市町村によってあったりなかったりします。

 ◎ **各保険給付の対象者とサービス内容**

保険給付	対象者	サービス
①介護給付	要介護1〜5の認定を受けた者	【都道府県が指定・監督】 ・居宅サービス ・施設サービス 【市町村が指定・監督】 ・地域密着型サービス ・居宅介護支援
②予防給付	要支援1〜2の認定を受けた者	【都道府県が指定・監督】 ・介護予防サービス 【市町村が指定・監督】 ・地域密着型介護予防サービス ・介護予防支援
③市町村特別給付	要介護認定、もしくは要支援認定を受けた者など	市町村が独自に定めるサービス

◎ **介護給付にあって予防給付にないもの**

1 施設サービス → 介護老人福祉施設が利用できるのは、原則、要介護3以上である

2 一部の地域密着型サービス → 地域密着型サービスの中には、要支援者が利用できないものがいくつかある

3 訪問介護・通所介護 → 要支援者には、介護保険の給付とは別に、地域支援事業（88ページ参照）で提供

ワンポイント

介護給付と予防給付の違いをしっかり整理しよう！

試験対策としては、介護給付が「要介護者」に対する給付であり、予防給付は「要支援者」に対する給付であると、大まかに理解しておくことと、介護給付と予防給付とのサービス内容の違いをチェックしておくことが大切です。

18 介護給付と予防給付のサービス内容

でる度 ★★★

介護給付と予防給付それぞれの
具体的なサービスをしっかり覚えましょう

前項で保険給付の種類には大きく3つあると述べましたが、そのうちの**介護給付は要介護者**が、**予防給付は要支援者**が受けられるサービスです。

どちらの給付でも、まず**居宅介護支援**あるいは**介護予防支援**としてケアプラン（介護サービスの計画書）が作成されます。介護保険はケアプランにそってサービスが提供されます。また、どちらにも自宅で生活する人を対象とする**居宅サービス**があります（予防給付では**介護予防サービス**といいます）。

具体的には、訪問介護員などが自宅を訪問して入浴や排泄、食事等の介護を行う**訪問介護**、デイサービスセンターに通って機能訓練などを行う**通所介護**、施設などに短期間入所して家族の介護負担軽減などを図る**短期入所生活介護**などです。居宅サービスの中には、医療系のものもあり、**訪問看護**や**訪問リハビリテーション**、**通所リハビリテーション**、そして**福祉用具貸与**（福祉用具のレンタル）などがそれに当たります。

介護給付のみにあるのが**施設サービス**で、施設に入所した要介護者を対象に具体的に4つのサービスが提供されています（右ページ参照）。

地域密着型サービスとは？

要介護者および要支援者ができる限り住み慣れた土地で生活し続けられるように、地域の事業者によって提供されるのが**地域密着型サービス**です（要支援者が対象の場合、**地域密着型介護予防サービス**といいます）。

たとえば、1つの事業所内でホームヘルプ、デイサービス、ショートステイが提供される**小規模多機能型居宅介護**、そこに訪問看護サービスがプラスされた**看護小規模多機能型居宅介護**、状態が安定した認知症専用のグループホームである**認知症対応型共同生活介護**、夜間定期的に巡回し、かつ緊急時対応もしてくれる**夜間対応型訪問介護**など、内容は多岐にわたります。

◉ 介護給付と予防給付のサービス

※地域密着型サービスについては、2024（令和6）年4月の介護保険法改正にて追加の可能性あり

都道府県知事が指定権者（指定都市・中核市の長を含む）

居宅サービス

【訪問サービス】
訪問介護
訪問入浴介護
訪問看護
訪問リハビリテーション
居宅療養管理指導
【通所サービス】
通所介護
通所リハビリテーション
【短期入所サービス】
短期入所生活介護
短期入所療養介護
【特定施設サービス】
特定施設入居者生活介護
【福祉用具サービス】
福祉用具貸与
特定福祉用具販売

施設サービス

【福祉系施設サービス】
介護老人福祉施設
【医療系施設サービス】
介護老人保健施設
介護医療院
介護療養型医療施設＊

市町村長が指定権者

地域密着型サービス

定期巡回・随時対応型訪問介護看護
夜間対応型訪問介護
地域密着型通所介護（療養通所介護を含む）
認知症対応型通所介護
小規模多機能型居宅介護
認知症対応型共同生活介護
地域密着型特定施設入居者生活介護
地域密着型介護老人福祉施設入所者生活介護
看護小規模多機能型居宅介護（複合型サービス）

居宅介護支援

一覧表にして2種類の給付がひと目で比較できるようにすると、覚えやすくなるのでオススメです！

介護予防サービス

【訪問サービス】
介護予防訪問入浴介護
介護予防訪問看護
介護予防訪問リハビリテーション
介護予防居宅療養管理指導
【通所サービス】
介護予防通所リハビリテーション
【短期入所サービス】
介護予防短期入所生活介護
介護予防短期入所療養介護
【特定施設サービス】
介護予防特定施設入居者生活介護
【福祉用具サービス】
介護予防福祉用具貸与
特定介護予防福祉用具販売

地域密着型介護予防サービス

介護予防認知症対応型通所介護
介護予防小規模多機能型居宅介護
介護予防認知症対応型共同生活介護

介護予防支援

※住宅改修は指定制度なし

（左端縦書き）
介護給付

予防給付

＊2024（令和6）年3月末で廃止

📖 ワンポイント

サービス内容の一覧表をつくり、何度も見て徹底的に覚えよう！

各給付の具体的なサービスは、試験で確実に出題されます。サービスの一覧表をつくり、目につきやすい場所に貼って覚えましょう。

19 介護報酬の審査・支払い

「介護報酬の業務はすべて、国民健康保険団体連合会が関係している」と覚えましょう！

　介護保険制度には多くのサービスがあり、その内容によってかかる費用が変わってきます。たとえば、訪問介護（ホームヘルプサービス）では、身体介護と生活援助という2つに分類して内容を分け、それぞれにかかる費用も異なります。これらの費用は国が定め、定期的に改定されます。

　こうした費用は、最終的に**事業者・施設が、被保険者に対するサービスの対価として受け取ることになる**ので、介護報酬と呼ばれています。

介護報酬は翌月10日までに請求し、翌々月払い

　ここでは、介護報酬がどのようにやりとりされているのかを見ていきましょう。被保険者に対してサービスを提供した事業者・施設は、その対価として介護報酬を保険者に請求します。ただ、直接の請求先は保険者ではなく、**国民健康保険団体連合会**（以下、国保連）です。

　国保連は介護報酬に関する業務を行っている機関で、国保連では事業者・施設の請求が正しいかどうかを**審査**し、正しいと認められた分について事業者・施設へ**支払います**。その具体的な流れですが、事業者・施設はその月に提供したサービスの介護報酬について、翌月10日までに国保連に請求。国保連では請求月の翌月に支払いを行います。たとえば、4月中（4月1日〜4月30日）に行ったサービス分は、5月10日までに請求し、その支払いを6月に受けることになります。

　介護報酬は**単位**で示されます。ただ、これではわかりにくいので、円換算されます。基本的には、**1単位＝10円**です。よって、100単位＝1,000円になります。ただし、実際に1単位をいくらに円換算するかは地域（地域区分）によって異なります（右ページ参照）。みなさんの地域では1単位がいくらに換算されるのかを調べてみるのもいいかもしれません。

◎ 介護報酬の請求から支払いまでの流れ

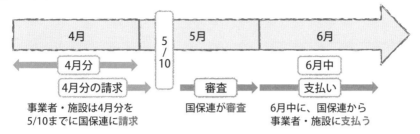

| 4月 | 5/10 | 5月 | 6月 → |

4月分
4月分の請求
事業者・施設は4月分を
5/10までに国保連に請求

審査
国保連が審査

6月中
支払い
6月中に、国保連から
事業者・施設に支払う

◎ 地域区分での介護報酬の単価の違い

【2021年度から2023年度までの地域単価】　　　　（注）2024（令和6）年度から変更の可能性あり

サービスの種類（※）		・通所介護 ・短期入所療養介護 ・特定施設入居者生活介護 ・地域密着型通所介護 ・認知症対応型共同生活介護 ・地域密着型特定施設入居者生活介護 ・地域密着型介護老人福祉施設入所者生活介護 ・介護老人福祉施設サービス ・介護老人保健施設サービス ・介護療養型医療施設サービス ・介護医療院サービス	・訪問リハビリテーション ・通所リハビリテーション ・短期入所生活介護 ・認知症対応型通所介護 ・小規模多機能型居宅介護 ・複合型サービス	・訪問介護 ・訪問入浴介護 ・訪問看護 ・定期巡回・随時対応型訪問介護看護 ・夜間対応型訪問介護 ・居宅介護支援 ・介護予防支援
	・居宅療養管理指導 ・福祉用具貸与			
1級地	10円	10.90円	11.10円	11.40円
2級地		10.72円	10.88円	11.12円
3級地		10.68円	10.83円	11.05円
4級地		10.54円	10.66円	10.84円
5級地		10.45円	10.55円	10.70円
6級地		10.27円	10.33円	10.42円
7級地		10.14円	10.17円	10.21円
その他		10円		

※ サービスの種類については、介護予防
　サービスのある居宅サービスや、地域
　密着型介護予防サービスを含む

地域区分とは、地域間の人件費等の差を考慮して、介護報酬の単価を調整するための区分です。2015年度以降は、8つに区分けされています

📖 ワンポイント

介護給付費等審査委員会は、どこに設置されている？

「国保連」に関連して「介護給付費等審査委員会」が出題されることがあります。「介護給付費等」が、どこで「審査」されるかを理解しておけば、この委員会は「国保連」に設置されることがわかります。

20 支給限度基準額

サービスの提供には一定の上限が設定され、
項目により大きく4つに分類されます

　介護保険においても、財源には限りがあります。そのため、被保険者への
サービスの提供には一定の上限を設ける必要があります。この上限を、**支給
限度基準額**といいます。**項目により、大きく4種類の上限**があります。

　1つ目が区分支給限度基準額といい、**要介護度・要支援度ごとに月の上限
が単位数として設定**されています。この場合の上限は、重度の被保険者がよ
り多くサービスを受けることができるように設定されています。ちなみに、
「区分」とは、「要介護1」や「要支援1」などの区分のことを指します。

　2つ目が、介護保険で定められている福祉用具の購入についての上限で、
1事業年度で10万円の上限が設定されています（1事業年度とは、4月1
日から翌年3月31日の1年間を指します）。これを、**福祉用具購入費支給
限度基準額**といいます（なお、福祉用具については「レンタル」もあります）。

　3つ目が**住宅改修費支給限度基準額**で、たとえば、住宅改修（手すりをつ
けたり、段差をスロープに変えたりなど、非常に簡単なバリアフリー工事の
こと）の場合、**同一住宅で20万円の上限**が設定されています。

少ないサービスを公平に利用してもらうために、上限を設定することも

　4つ目が種類支給限度基準額です。たとえば、定員20名の通所介護しか
ない地域において、「毎日、利用したい」という人が100名いたとします。
しかし、すぐにはその期待には応えられません。

　その場合、100名が現在利用可能な通所介護を公平に使えるよう、条例に
よって、通所介護を利用できる単位に「月○○単位まで」という上限を設定
することができます。これを、種類支給限度基準額といいます。

　これは、**提供できるサービス量が著しく少ない場合**などに用いられます。

◎ 4つの支給限度基準額

1 区分支給限度基準額
（外部サービス利用型特定施設入居者生活介護を除く）

… 1カ月に使える上限額

1カ月に使える上限額	
要介護 5	36,217単位
要介護 4	30,938単位
要介護 3	27,048単位
要介護 2	19,705単位
要介護 1	16,765単位
要支援 2	10,531単位
要支援 1	5,032単位

「支給限度基準額」＝「上限」と覚えておくとわかりやすいです

2 福祉用具購入費支給限度基準額

… 1事業年度、**10万円**の上限額

ポータブルトイレ　　簡易浴槽

3 住宅改修費支給限度基準額

… 1住宅、**20万円**の上限額

手すり　スロープ

4 種類支給限度基準額

… 少ないサービスを公平に利用できるように、条例で、利用できる上限を設定する

デイサービス
（定員20名）

利用したい人が
100名

100名が公平に利用できるように、通所介護は月○○単位までと、条例で決める

ワンポイント

区分・福祉用具購入費・住宅改修費の3つは、出題頻度が高い！

支給限度基準額の4種類のうち、出題頻度が高いのは、「区分」「福祉用具購入費」「住宅改修費」の3つです。

21 利用者負担

介護保険制度では1〜3割の定率負担が原則。
それ以外の利用者負担も要チェックです！

　介護保険のサービスを使う場合、基本的にはそのサービスにかかる費用の1割を負担します。しかし、介護保険財政の悪化のため、一定の所得がある第1号被保険者については2割または3割負担になっています。

　こうした、自分が受けたサービスに対して、一定の比率で一律に負担することを**定率負担**といいます。それぞれの被保険者が何割の定率負担となるかは、**介護保険負担割合証**に記載されています。

　利用者が負担する費用は定率負担だけではありません。施設サービスや短期入所系、通所系を使うときの**食費**や、施設系での**居住費**（家賃のようなもの）などについては、**介護保険の給付の対象外**とされており、**その費用は全額自己負担**となります。食費も居住費も、どこにいてもかかる費用ですから、「保険からお金は出ない」というわけです。

低所得者をフォローする「補足給付」

　ただ、食費や居住費が全額自己負担となってしまうと、ある問題が生じてしまいます。それは、低所得者が食費や居住費を支払えず、新規入所をあきらめてしまったり、現在入所している施設等から退所を余儀なくされてしまったりするといった問題です。「支払えないから使えない」では、制度の公平性に欠けるおそれがあります。

　そこで、低所得などで費用が払えない利用者については、別枠でフォローする仕組みがあります。それは**補足給付（特定入所者介護サービス費）**というもので、**低所得者に関しては自己負担額に上限を設け、それを上回る分については給付を受けられる**、というものです。

　これにより、低所得者が介護保険施設に入所できないという事態を避けることができます。

◎ 全額自己負担となるもの

○：自己負担となるもの
―：自己負担とならないもの

サービス内容	食費	部屋代	おむつ代
施設サービス			
地域密着型介護老人福祉施設入所者生活介護		○	―
短期入所生活介護	○		
短期入所療養介護			
通所介護			
通所リハビリテーション			
地域密着型通所介護			○
小規模多機能型居宅介護		○	
看護小規模多機能型居宅介護			

部屋代とは、「居住費」「滞在費」「宿泊費」のことを指します

◎ 補足給付とは？

施設に入所している低所得者

1割負担は払えるが、食費・居住費が払えない

退所

補足給付
（特定入所者介護サービス費）

自己負担額に上限を設け、それを上回る分について給付

退所を回避

📖✏ ワンポイント

保険給付の「対象」と「対象外」の区別を明確にしよう！

介護保険制度は定率負担（1～3割）が原則ですが、食費や居住費、滞在費、おむつ代など、全額自己負担しなければならないものもあります。試験対策としては、保険給付の「対象」と「対象外」となるものの区別をきちんとつけておくことが大切です。

22 保険給付の方法

介護保険法での保険給付の方法は
金銭給付と現物給付の2つがあります

　お金で支払われる給付を**金銭給付**、サービス提供が保険給付になるものを**現物給付**といいます。介護保険では、この2つの方法で保険給付が行われます。

　介護保険では、前者の金銭給付をしばしば**償還払い**といいます。これは、**「いったん全額立て替えて、あとで還ってくる」**方法が採られているからです。たとえば、ポータブルトイレを指定事業者（66ページ参照）から2万円で購入したとします。その場合、まず被保険者は指定事業者に2万円を支払います。しかし、このままで終われば、ただの買い物になってしまいます。

　そこで、被保険者は保険者に、**「指定事業者から2万円でポータブルトイレを買いました」**と報告して請求します。すると、保険者は審査をして、被保険者に1万8,000円（被保険者が1割負担の場合）を支払います。つまり、被保険者は支払った2万円から負担分の1割を除いた金額を「還付」してもらえるわけです。

現物給付で事業者・施設は残額を保険者に請求する

　一方、現物給付とは、どのような仕組みでしょうか。

　被保険者が通所介護事業者より、1万円分のサービスを受けたとします。この場合、通所介護事業者は被保険者に1,000円の請求をします（被保険者が1割負担の場合）。

　しかし、ここで終わりではありません（ここで終わってしまえば、通所介護事業者はつぶれてしまいます）。この後、通所介護事業者は保険者に**「被保険者に対して1万円分のサービスを提供しました」**と報告して請求します。それを受けた保険者は、審査をしたうえで通所介護事業者に9,000円を支払います。なお、58ページで解説した通り、実際の審査や支払いは国保連が行います。

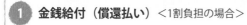

◎ 保険給付の2つの方法

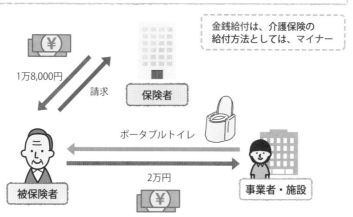

① **金銭給付（償還払い）** ＜1割負担の場合＞

1万8,000円

保険者

請求

金銭給付は、介護保険の
給付方法としては、マイナー

ポータブルトイレ

被保険者

2万円

事業者・施設

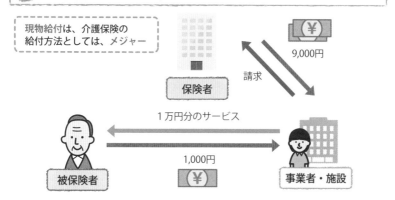

② **現物給付** ＜1割負担の場合＞

現物給付は、介護保険の
給付方法としては、メジャー

保険者

9,000円

請求

1万円分のサービス

被保険者

1,000円

事業者・施設

ワンポイント

金銭給付（償還払い）で給付されるものを、まずは覚えてしまおう！

介護保険法での保険給付は金銭給付（償還払い）と現物給付の2つのみで、そのうちのほとんどが現物給付という形になっています。そのため、試験対策としては、金銭給付として給付されるものを覚えてしまうのが得策です！

23 事業者・施設の指定

指定を行えるのは、都道府県知事か市町村長のみ。
人員・設備・運営等の指定基準があります

　介護保険は、公的な保険であり、国民の税金や保険料を使って運営されています。そのため、提供されるサービスには一定の質が求められます。たとえば、ヘルパー資格を持っている人が3人集まって、勝手にヘルパー業務を始められても困ります。そこに公のお金を投入するわけにはいきません。

　そこで、介護保険では、「一定の基準」（これを**指定基準**といいます）を設けて、事業者・施設にはそれをクリアし、**指定**（許可）を受けることを求めています。指定を行えるのは（「指定権者」といいます）、都道府県知事か市町村長のみです。そして、指定事業者等が提供したサービスを利用した場合のみに保険給付を行うことにしています。

3つの「指定基準」とは？

　指定を受けるための**最低基準は、法人格があること**です（ただし、一部例外あり）。さらに、指定基準には**人員基準・設備基準・運営基準**の大きく3つの基準があります。

　人員基準は、資格を持っている人、経験がある人など、**そのサービスに必要な質と量を確保するために定められるもの**です。たとえば、訪問介護を行う場合は、訪問介護員としての資格が求められます。訪問リハビリテーションを行う場合は、理学療法士・作業療法士・言語聴覚士というリハビリテーションに関する専門職を配置するという基準が定められます。

　設備基準としては、そのサービスを提供するために必要な設備が定められています。食堂や静養室、相談室など、その事業形態によってさまざまです。

　運営基準とは、そのサービスを提供するために守らなければならない規則です。「正当な理由なくサービス提供を拒んではならない」「緊急時には速やかに医師等へ連絡しなければならない」といったことが定められています。

◎ 指定の「特例」（みなし指定）

みなし指定	健康保険法によって指定を受けた保険医療機関や保険薬局、介護保険法によって開設許可を受けた介護保険施設は、一部の「居宅サービス」について、介護保険法の指定があったものとみなされ、指定申請が不要となること

施設	対象となる居宅サービス
病院・診療所	・訪問看護 ・訪問リハビリテーション ・居宅療養管理指導 ・通所リハビリテーション ・短期入所療養介護 　（療養病床があるもの）
薬局	・居宅療養管理指導
介護老人保健施設 ・介護医療院	・通所リハビリテーション ・短期入所療養介護

介護保険法の指定があったものとみなされる

みなし指定

↓

指定申請が不要

◎ 共生型サービスの特例

共生型サービスの特例	介護保険、または障害福祉のいずれかの指定を受けた事業所であれば、もう一方の制度における指定が受けやすくなるという特例

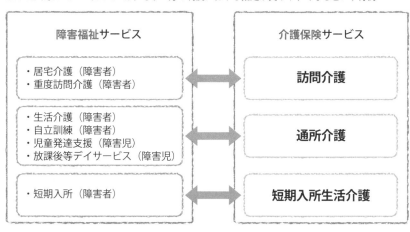

障害福祉サービス　　　　　　　介護保険サービス

・居宅介護（障害者）
・重度訪問介護（障害者）　⇄　**訪問介護**

・生活介護（障害者）
・自立訓練（障害者）
・児童発達支援（障害児）
・放課後等デイサービス（障害児）　⇄　**通所介護**

・短期入所（障害者）　⇄　**短期入所生活介護**

📖✏️ **ワンポイント**

「誰」が「指定権者」なのかを覚えよう！

事業者・施設の指定権者は、都道府県知事か市町村長のみです。そのため、各事業者・施設が都道府県知事の指定か、市町村長の指定かを覚えることが大切です。

24 居宅サービス・介護予防サービス

居宅サービスは「要介護者」が、
介護予防サービスは「要支援者」が対象です

　介護保険で提供されるサービスには、**居宅サービス**と**介護予防サービス**があります。ともに**都道府県知事が指定・監督**を行うサービスです。前者は要介護者が対象、後者は要支援者が対象です。

サービスは大きく、訪問・通所・短期入所に分類できる

　この2つのサービスの具体的な内容は、大きく①**訪問系サービス**、②**通所系サービス**、③**短期入所系サービス**の3つに分類されます（57ページ参照）。

　訪問系とは、利用者の居宅を訪問して行うサービスのことです。具体的には、身体介護や生活援助を行う**訪問介護**、専用の浴槽を持ち込んで入浴介護を行う**訪問入浴介護**、看護師等が診療の補助や療養上の世話を行う**訪問看護**、理学療法士・作業療法士・言語聴覚士がリハビリテーションを行う**訪問リハビリテーション**、医師等が医療的な管理や指導を行う**居宅療養管理指導**があります（ただし、**介護予防サービスには訪問介護はありません**）。

　通所系とは、利用者が施設等に行ってサービスを受けるものです。福祉系施設等に通う**通所介護**、医療系施設等に通う**通所リハビリテーション**があります（ただし、**介護予防サービスには通所介護はありません**）。

　短期入所系とは、短期間、施設に入所してサービスを受けるもので、特別養護老人ホーム等で行われる**短期入所生活介護**、介護老人保健施設や介護医療院、病院等で行われる**短期入所療養介護**があります。

　これら3つ以外に、福祉用具に関係するものがあります。レンタルできるものは**福祉用具貸与**、購入するものは**特定福祉用具販売**となります。レンタルでは、要介護・要支援の区分によってレンタルできるもの、できないものがあります。また、特定施設（204ページ参照）に入居してサービスを受けるものを**特定施設入居者生活介護**といいます。

◎ 居宅サービスには、どんなものがあるのか？

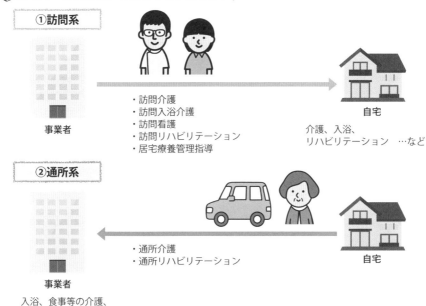

①訪問系

事業者

・訪問介護
・訪問入浴介護
・訪問看護
・訪問リハビリテーション
・居宅療養管理指導

自宅

介護、入浴、
リハビリテーション　…など

②通所系

事業者

・通所介護
・通所リハビリテーション

自宅

入浴、食事等の介護、
レクリエーション　…など

③短期入所系

事業者

・短期入所生活介護
・短期入所療養介護

自宅

入浴、食事等の介護、
機能訓練、医療　…など

ワンポイント

居宅サービスにあって、介護予防サービスにない ものは？

居宅サービスと介護予防サービスは、都道府県知事が指定するサービスです。それぞれのサービス内容を比較すると、覚えやすくなります(57ページ参照)。たとえば、居宅サービスにあって、介護予防サービスにないものは、訪問介護と通所介護、施設サービスです。

25 居宅介護支援・介護予防支援

居宅介護支援と介護予防支援はともに、
主にケアプランを作成するサービスです

　介護保険のサービスの中の**居宅介護支援**とは、主に**要介護者のケアプラン（居宅サービス計画）を作成**するサービスです。

　介護支援専門員（ケアマネジャー。以下、ケアマネ）を配置した居宅介護支援事業者によって実施されます。事業の実施に関する基準（基本方針、事業者の指定基準）は、**すべて市町村長が指定**します。なお、指定基準においては**設備基準（66 ページ参照）がありません**。

　居宅介護支援は、公正中立な立場でのサービス提供が求められるため、基準を違反した場合には**指定の取消し**などの厳しい処分があります。たとえば、指定の取消し処分となる違反には、居宅サービス計画費の請求に関して不正があった場合や、**要介護認定の更新にかかる調査の委託を受けた際に、調査の結果について虚偽の報告をした場合**などがあります。

介護予防支援はケアマネが必ず携わるわけではない

　同じく**ケアプランを作成するサービス**で**要支援者**が対象となるものが、**介護予防支援**です。こちらは、介護予防支援事業者が実施し、居宅介護支援と同じく、事業の基準はすべて市町村が設定します。

　介護予防支援事業者への指定申請ができるのは、**地域包括支援センター（88 ページ参照）の設置者や居宅介護支援事業者**です。また、ケアマネの配置がその指定基準とはなっていないため、ケアプランの作成は担当職員が行います。ただ、介護予防支援の一部の業務を居宅介護支援事業者に委託することができるため（その場合、**地域包括支援センター運営協議会の議を経る必要あり**）、ケアマネが行うこともあります。

　また、介護予防支援の事業者の指定基準では、人員基準と運営基準のほかに、**介護予防のための効果的な支援の方法に関する基準**が定められています。

◎ 居宅介護支援の仕組み

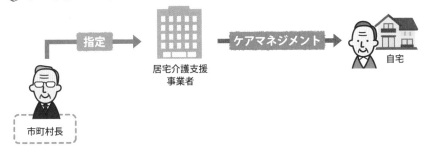

市町村長 ─指定→ 居宅介護支援事業者 ─ケアマネジメント→ 自宅

◎ 介護予防支援の仕組み

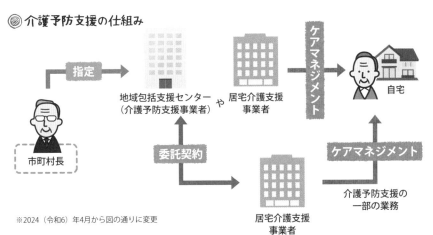

市町村長 ─指定→ 地域包括支援センター（介護予防支援事業者）や 居宅介護支援事業者 ─ケアマネジメント→ 自宅

委託契約 → 居宅介護支援事業者 ─ケアマネジメント→ 介護予防支援の一部の業務

※2024（令和6）年4月から図の通りに変更

ケアプランを作成するために行う、以下の一連の流れを「ケアマネジメント」（介護支援サービス）といいます。
①アセスメント（課題分析）→②サービス担当者会議（ケアプラン案の作成・共有）→③ケアプランの確定・実施→④モニタリング（振り返り）です
（100ページ参照）

ワンポイント

指定事業者に「誰」がなれるのかに注意しよう！

居宅介護支援と介護予防支援は市町村長が指定するサービスです。指定を受けられるのは、ともにケアマネジメントを行う事業者ですが、介護予防支援については、地域包括支援センターや居宅介護支援事業者となります。

26 地域密着型サービス

市町村長に指定された地域の事業者が提供する
地域に根ざしたサービスです

　要介護者ができる限り住み慣れた土地で生活し続けられるようサポートするサービスに**地域密着型サービス**があります。これは、市町村長に指定された地域の事業者によって提供されます。なお、その一部は、**地域密着型介護予防サービス**として要支援者も利用することができます。

地域密着型サービスは3つに分類できる

　サービスには大きく、**①訪問系**、**②通所系**、**③入所・入居系**の3つがあります。

　訪問系は、利用者宅を訪問して行うサービスで、24時間対応の**定期巡回・随時対応型訪問介護看護**、夜間（18時〜8時）のみ対応する**夜間対応型訪問介護**があります。これら2つについて、要支援者は利用できません。

　通所系では、利用者に施設等に通ってもらい、サービスを提供します（通所のほかに、訪問や短期宿泊のサービスも提供する**小規模多機能系**もここに含めます）。通所系には、状態が安定している認知症利用者が利用する**認知症対応型通所介護**、定員が18名以下の**地域密着型通所介護**（療養通所介護含む）、通いサービスを中心に宿泊・訪問サービスも提供する**小規模多機能型居宅介護**、そこに訪問看護サービスを含めた**看護小規模多機能型居宅介護**があります。このうち、小規模多機能型居宅介護と認知症対応型通所介護は、要支援者も利用することができます。

　入所・入居系には、定員が29名以下の小規模な特別養護老人ホームでの**地域密着型介護老人福祉施設入所者生活介護**、定員が29人以下の介護専用型特定施設で行われる**地域密着型特定施設入居者生活介護**、グループホーム（認知症の利用者が入居できる施設）での**認知症対応型共同生活介護**があります。このうち、**認知症対応型共同生活介護は要支援2の利用者も受け入れ可能**です（要支援1の者は利用できません）。

◎ 地域密着型サービスには、どんなものがあるのか?

①訪問系

| 定期巡回 | 随時対応 | 随時訪問 |

→

自宅

事業者

【24時間対応】
・定期巡回・随時対応型訪問介護看護
【夜間のみ】
・夜間対応型訪問介護

②通所系

←

・認知症対応型通所介護
・地域密着型通所介護
┌ ・小規模多機能型居宅介護
└ ・看護小規模多機能型居宅介護

自宅

事業者

※この2つは、訪問・宿泊もある

③入所・入居系

生活拠点

・地域密着型介護老人福祉施設入所者生活介護
・地域密着型特定施設入居者生活介護
・認知症対応型共同生活介護

事業者

認知症対応型共同生活介護は、要支援2の利用者も対象となります

📖✏️ **ワンポイント**

要介護者と要支援者とでは、使えるサービスの「数」に差がある

地域密着型サービスは運営推進会議を開くなど、地域に根ざしたサービスを提供します。また、要介護者が使えるサービスが9つなのに対して、要支援者が使えるサービス(地域密着型介護予防サービス)は3つのみとなります(57ページ参照)。

27 介護保険施設

「施設サービス」で利用できる介護保険施設には、
福祉系と医療系の2種類があります

　介護給付のサービス（要介護者が対象）に「施設サービス」がありますが、
これは、介護保険施設に入所して受けられるサービスのことです。

　介護保険施設は大きく、**福祉系**のものと**医療系**のものとに分類されます。

押さえておきたい介護保険施設は3つ

　介護保険施設のうち、福祉系施設に当たるのは、**介護老人福祉施設**しかありません。これは、**老人福祉法（184ページ参照）によって認可を受けた特別養護老人ホームが、都道府県知事の指定を受けて運営する施設**です。

　定員は30名以上で、指定を受けることができるのは、地方公共団体（都道府県や市町村など）か社会福祉法人だけです。なお、施設名が「特別養護老人ホーム○○」となっていれば、すべて「介護老人福祉施設」の指定を受けていると考えていいでしょう。

　一方、医療系には2種類あります（現在は3種類ですが、そのうちの介護療養型医療施設は2024年3月末までに廃止されることが決定しているので、実質は2種類と考えていいでしょう）。

　1つが、**介護老人保健施設**です。病院から自宅へ戻る前に一時的に入所し、在宅復帰を目指すための施設で、リハビリテーションの実施等が行われます。近年、**定員が29名以下の小規模介護老人保健施設**も増えてきており、さまざまな形態で運営されています。もう1つが、**介護医療院**です（都道府県が開設を許可します）。ここは、**長期療養のための医療と日常生活上の世話を一体的に提供**します。

　どちらも営利目的での設置はできず、開設許可（都道府県が行います）を受けることができるのは、地方公共団体や医療法人、社会福祉法人、その他厚生労働大臣が定める者に限られています。

◎ 各介護保険施設の人員基準について

○：必要　×：不要

福祉系

介護老人 福祉施設		**役割** 生活施設 **根拠法** 老人福祉法							

	医師	薬剤師	看護職員	介護職員	生活 相談員	機能訓練 指導員	栄養士等※	介護支援 専門員	放射線 技師
人員基準	○	×	○	○	○	○	○	○	×

※入所定員40名以上は栄養士または管理栄養士が必置

医療系

介護老人 保健施設		**役割** 在宅復帰を目指す **根拠法** 介護保険法							

	医師	薬剤師	看護職員	介護職員	支援 相談員	PT等	栄養士等※	介護支援 専門員	放射線 技師
人員基準	○	○	○	○	○	○	○	○	×

※栄養士または管理栄養士

介護 医療院		**役割** 要介護者の長期療養・生活施設 **根拠法** 介護保険法							

	医師	薬剤師	看護職員	介護職員	支援 相談員	PT等	栄養士等※	介護支援 専門員	放射線 技師
人員基準	○	○	○	○	×	○	○	○	○

※栄養士または管理栄養士

施設ごとに人員基準が違います。
どのような職種が配置されている
かを覚えておきましょう

 ワンポイント

各介護保険施設の役割や根拠法、指定基準等を
きちんと理解しておくこと！

介護保険施設は現在4つあります。各施設の違いを理解しておきま
しょう。とくに、福祉系施設サービスは介護老人福祉施設1つだけ
ですので、必ず出題されます。また、医療系施設サービスは、介護
老人保健施設と介護医療院の2つについて、しっかり覚えましょう。

1 介護支援分野

2 保健医療分野

3 福祉サービス分野

28 市町村介護保険事業計画

介護保険の方向性は「国」が決め、具体的な計画は、主に保険者である「市町村」が策定します

介護保険は「国」の制度です。厚生労働大臣が、医療介護総合確保推進法（「地域における医療及び介護の総合的な確保を促進するための関係法律の整備等に関する法律」）に規定する総合確保方針に則して、**基本指針**を定めます。基本指針とは、簡単にいうと「方向性」です。その方向性に基づいて、市町村（保険者）や都道府県が介護保険に関する計画を策定します。

市町村の計画は、3年に1度策定される

保険者である市町村は介護保険を適切に運用していくために計画を策定します。それを**市町村介護保険事業計画**と呼び、3年に1度策定されます。

この事業計画では、たとえば、認知症対応型共同生活介護や地域密着型介護老人福祉施設入所者生活介護、地域密着型特定施設入居者生活介護での**必要利用定員の総数**や、地域支援事業などでの**見込み量**、自立支援等施策に関する事項などが定められます。

ほかの計画と矛盾しないための3つのポイント

市町村は、介護保険事業計画だけを策定しているわけではありません。そのため、介護保険事業計画がほかの計画と矛盾したり、方向性が違ったりしていれば困ったことになってしまいます。そうした事態に陥らないようにするためには、ほかの計画と矛盾しない必要があります。

介護保険事業計画は、①老人福祉計画と**一体のもの**として、②地域福祉計画や高齢者居住安定確保計画、要介護者等の保健・医療・福祉・居住に関する計画と**調和が保たれたもの**として、③市町村計画と**整合性の確保が図られたもの**として策定しなければならない、とされています。

◎ 市町村介護保険事業計画で「定めるべき事項」とは?

定めるべき事項

1 必要利用定員の総数

| グループホーム（認知症対応型共同生活介護） | 地域密着型介護老人福祉施設 | 地域密着型特定施設 |

これらの施設での、必要利用定員の総数

2 見込み量

| 介護給付等サービス | ホームヘルプ |
| 地域支援事業 | デイサービス など |

これらの事業での見込み量

3 自立支援等施策に関する事項

「定めるべき事項」は、しばしば出題されます。必ず暗記しましょう!

◎ ほかの計画との関係は?

市町村介護保険事業計画	①一体	老人福祉計画
	②調和	地域福祉計画
	③整合性	市町村計画

📖 **ワンポイント**

何が「定めるべき事項」かは、必須の暗記ポイント!

試験では、「市町村介護保険事業計画で定めるべき事項はどれか」を問う問題がしばしば出題されます。試験対策として、「定めるべき事項」を覚えるのは必須です。逆に、しっかり覚えていれば、こうした出題に対して、消去法で解答できますよね。

29 都道府県介護保険事業支援計画

都道府県の役割は市町村のバックアップ。
「支援」のための計画という位置づけです

　都道府県も国の方向性に基づいて計画を策定します。ただし、介護保険における都道府県の役割は、市町村（保険者）の**後方支援**（バックアップ）です。そのため、都道府県が策定する計画は**都道府県介護保険事業支援計画**と、「支援」という言葉が入っています。

こちらも3年に1度策定される

　都道府県介護保険事業支援計画も、市町村介護保険事業計画と同様、国の基本指針に則して、3年に1度策定されます。

　策定される内容としては、具体的に、介護専用型特定施設入居者生活介護や地域密着型介護老人福祉施設入所者生活介護、地域密着型特定施設入居者生活介護での**必要利用定員の総数**や、介護保険施設の**必要入所定員の総数**、介護給付等対象サービスの**見込み量**、**市町村が取り組む自立支援等施策への支援に関する事項**などとなっています。

ほかの計画との関係性は？

　都道府県も、市町村と同じく介護保険事業支援計画だけを策定しているわけではありません。ほかの計画との関係性を適切に保つ必要があります。

　そのため、市町村介護保険事業計画と同じく、①都道府県老人福祉計画と**一体のもの**として、②都道府県地域福祉支援計画や都道府県高齢者居住安定確保計画、要介護者等の保健・医療・福祉・居住に関する計画と**調和が保たれたもの**として、③都道府県計画や医療計画と**整合性の確保が図られたもの**として策定されなければならない、とされています。

　また、都道府県介護保険事業支援計画を策定、または変更した場合、**厚生労働大臣に提出**します。

◎ 都道府県介護保険事業支援計画で「定めるべき事項」とは？

定めるべき事項

1 必要利用定員の総数

介護専用型　　地域密着型　　地域密着型
特定施設　　介護老人福祉施設　特定施設

介護保険施設

これらの施設での、必要利用定員の総数　　必要入所定員の総数

2 見込み量

ホームヘルプ

デイサービス など

これらの事業での
見込み量

市町村介護保険事業計画
との「異なる点」をしっ
かり把握しておきましょう！

3 市町村の自立支援等施策への支援

◎ ほかの計画との関係は？

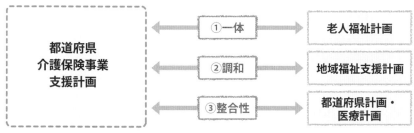

都道府県
介護保険事業
支援計画

①一体 → 老人福祉計画

②調和 → 地域福祉支援計画

③整合性 → 都道府県計画・医療計画

 ワンポイント

市町村介護保険事業計画との「異なる点」を要チェック！

「定めるべき事項」を覚え、かつ市町村介護保険事業計画との「異なる点」についてしっかり確認しておきましょう。両者がゴチャゴチャにならないことが重要です！

30 介護保険基本財政構造

介護保険の財源は、「保険料」と「税金」。
税金の負担割合は、国と地方自治体で5:5です

　介護保険は公的保険のため、その財源としては、被保険者から徴収した保険料のほか、税金が使われます。介護保険での税金と保険料との割合は5：5となっています。

　介護保険の財源となるこの税金は、国、都道府県、市町村がそれぞれ負担することになります。半分を国が負担し、残りの半分を都道府県と市町村が半分ずつ負担しています。つまり、介護保険全体で税金がまかなう50％のうち、**25％を国が負担し、都道府県と市町村が12.5％ずつ負担**しているわけです。

　では、財源の残りの50％である保険料では、第1号被保険者と第2号被保険者が負担する割合はどのようになっているのでしょうか。

　それについては、国が、第1号被保険者と第2号被保険者の1人あたりの平均的な保険料が同じ水準になるように、3年に1度定めることになっています。2021（令和3）年〜2023（令和5）年の負担割合は、50％のうち、**第1号被保険者が23％、第2号被保険者が27％**となっています。

市町村の財政力の格差を埋めるための「調整交付金」

　高齢者が多い市町村では、保険給付が増大し、その結果、保険者である市町村の財政を逼迫させ、ひいては保険料の増大につながってしまう可能性もあります。そこで、**国の負担のうちの5％（全国平均）を調整交付金**として75歳以上の後期高齢者の割合が多い市町村には多めに配分するなどして、市町村の財政力の格差を埋める方法が採られています。

　そのほか、災害等が起こり、保険料の収入が下がることにより、財源不足が起こることもあり得ます。その場合には、**特別調整交付金**が市町村に交付されます。

◉介護保険の基本財政構造（2021〜2023年）

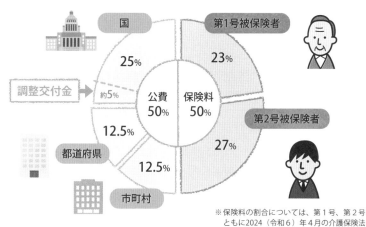

※ 保険料の割合については、第1号、第2号
ともに2024（令和6）年4月の介護保険法
改正にて変更の可能性あり

◉基本財政構造の「例外」

	国	都道府県	市町村	第1号保険料	第2号保険料
施設等給付費	20%	17.5%	12.5%	23%	27%
包括的支援事業	38.5%	19.25%	19.25%	23%	0%
任意事業					

包括的支援事業と任意事業には、第2号
被保険者の保険料は使われていません。
その分は、税金でカバーされています

📖✏️ **ワンポイント**

基本財政構造の基本を押さえたうえで、
「例外」を整理しておこう！

介護保険基本財政構造については、ここ数年、試験で出題が続いて
います。税金と保険料からなる「基本財政構造」を覚えたうえで、上
記の「例外」について整理しておきましょう。

31 第1号被保険者の保険料

第1号保険料は、市町村が条例で決めます。
保険料の算出方法と徴収方法を理解しましょう

　第1号保険料は、市町村が条例で定めることになっています（24ページ参照）。そのため、市町村ごとに第1号保険料は異なります。

　第1号保険料の算出方法ですが、まず、市町村介護保険事業計画（76ページ参照）で定めた必要利用定員の総数や見込み量によって必要な費用を計算して**定額保険料（基準額）**を算出します。そのうえで、所得の「多い・少ない」で差を設けます。その際、定額保険料をどれだけ割増・割引するかの**保険料率**を原則、**9段階に分類**し、そこに定額保険料をかけて、保険料額を算出します（右ページ参照）。保険料率は**一番高いもので1.7倍、一番低いもので0.3倍**となっています。

　なお、この定額保険料は、市町村介護保険事業計画同様、3年に1度設定されます。そのときどきの状況に合わせて市町村の条例で定めて、9段階の分類を10段階以上に細分化したり、各段階の保険料率を変更したりすることができます。

第1号保険料の2つの徴収方法とは？

　第1号保険料を納める方法（徴収方法）として、通常は納入通知書による方法が採られます。自宅などへ納入通知書を送付し、銀行等で納める方法（**普通徴収**）です。

　しかし、第1号被保険者が65歳以上であることを考えると、この方法よりも、第1号被保険者にとって納付しやすい（保険者にとって「徴収しやすい」）方法があります。それが**年金からの天引き**です。第1号被保険者の保険料徴収方法では主にこの方法が採られ、これを**特別徴収**といいます。**公的年金を年額18万円以上受給している第1号被保険者**については、特別徴収の方法が採られます。

◎ 第1号保険料の算出方法

※ 2024（令和6）年4月から変更の可能性あり

所得段階	対象者	保険料
第1段階	生活保護受給者	基準額×0.3
	市町村民税世帯非課税 　かつ老齢福祉年金受給者	
	市町村民税世帯非課税 　かつ本人年金収入等80万円以下	
第2段階	市町村民税世帯非課税 　かつ本人年金収入等80万円超120万円以下	基準額×0.5
第3段階	市町村民税世帯非課税 　かつ本人年金収入等120万円超	基準額×0.7
第4段階	市町村民税本人非課税（世帯に課税者がいる） 　かつ本人年金収入等80万円以下	基準額×0.9
第5段階	市町村民税本人非課税（世帯に課税者がいる） 　かつ本人年金収入等80万円超	基準額×1.0
第6段階	市町村民税本人課税 　かつ合計所得金額が120万円未満	基準額×1.2
第7段階	市町村民税本人課税 　かつ合計所得金額が120万円以上210万円未満	基準額×1.3
第8段階	市町村民税本人課税 　かつ合計所得金額が210万円以上320万円未満	基準額×1.5
第9段階	市町村民税本人課税 　かつ合計所得金額が320万円以上	基準額×1.7

◎ 第1号保険料の2つの徴収方法

1　特別徴収

年金保険者 → 年額18万円以上

天引き　年金

市町村

2　普通徴収

市町村

納入通知書

納付 → コンビニ／銀行／郵便局

📖✍️ **ワンポイント**

第1号保険料は市町村によって異なる

第1号被保険者の保険料は、保険者である市町村が決めるため、各市町村で保険料が異なります。また、保険料は、所得に応じて9段階に設定されます。

32 第2号被保険者の保険料

第2号被保険者は、医療保険料と合算して徴収され、その額は各医療保険者が決めます

第2号被保険者は、「医療保険に加入している者」に限られています（28ページ参照）。そこで、介護保険料を別に徴収するのではなく、**医療保険料と合算して徴収する方法**が採られています。さらに、前項で見た第1号被保険者の保険料徴収方法のように煩雑ではなく、これ以外の徴収方法はありません。

給与所得者の場合は、年金保険料や雇用保険料とともに、給与より天引きされ、自営業者などの場合は、国民健康保険の健康保険料に合わせて納めることになります。

その保険料の算出については、**第2号保険料の場合、各医療保険者が決定**します。そのため、同じ収入であっても、医療保険者が異なると介護保険料が異なる可能性があります。

保険者への分配を行う「社会保険診療報酬支払基金」

第2号保険料では、各医療保険者が介護保険料を徴収するため、医療保険との仕分けをしたり、保険料を介護保険者（市町村）に分配したりと、医療保険者の負担が大きくなります。そして、医療保険者が介護保険者ごとに介護保険料を分配するというのは、実際は困難です。

そこで、介護保険者への分配などの実際の業務については、**社会保険診療報酬支払基金**（以下、支払基金）という機関が行っています。

各医療保険者は、徴収した介護保険料を一括して支払基金に納付し（この納付されるお金のことを「介護給付費・地域支援事業支援納付金」といいます）、それを受け取った支払基金は、各介護保険者に対して、介護給付費交付金と地域支援事業支援交付金とに分けて**交付**します。

◎ 第2号保険料の徴収方法

被保険者 → 医療保険料 → 医療保険者
被保険者 → 介護保険料 → 医療保険者

第2号保険料の徴収方法は、「医療保険料と合算して徴収」のみです

◎ 社会保険診療報酬支払基金の役割

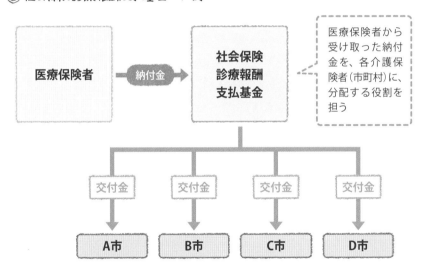

医療保険者 → 納付金 → 社会保険診療報酬支払基金

医療保険者から受け取った納付金を、各介護保険者(市町村)に、分配する役割を担う

社会保険診療報酬支払基金 → 交付金 → A市
→ 交付金 → B市
→ 交付金 → C市
→ 交付金 → D市

📖 ワンポイント

第2号保険料は、「3つのキーワード」を押さえるべし!

第2号保険料のキーワードは、「医療保険料と合算して徴収」「社会保険診療報酬支払基金」「(介護給付費等の)納付金と交付金」です。第2号保険料は、試験に頻出というわけではありませんが、徴収やその後の流れを理解しておきましょう。

33 財政安定化基金

財源が不足した際に交付や貸付をしてくれる機関。
都道府県に設置されています

　市町村（保険者）は、市町村介護保険事業計画（76 ページ参照）を 3 年に 1 度定め、その計画に基づいて運用していきます。しかし、計画通りに進まないこともあります。そうなると、予算が足りなくなることも起こり得ます。

　国や自治体の会計には大きく一般会計と特別会計がありますが、介護保険はそのうちの特別会計で運用しなければなりません。たとえ財源が不足したとしても一般会計から借りることはできないのです。また、「財源が足りなくなった」という理由で、それ以降の給付をストップすることもできません。

　そこで、都道府県に**財政安定化基金**を設置し、不足した際にはこの基金から**交付を受けたり、貸付を受けたりする**ことで、市町村の財政の安定化を図るということが行われています。

　これは、都道府県に「何かあったときのための大きな貯金箱」が設置されているイメージです。そして、この大きな貯金箱に、国や都道府県、市町村がコツコツとお金を貯めていくわけですが、それぞれの負担割合は、**国、都道府県、市町村が 3 分の 1 ずつ**と均等になっています。

返済の財源となるのは、第 1 号被保険者の保険料

　財政安定化基金は、財源が不足した理由によって、交付もしくは貸付を行います。たとえば、保険料未納者に対して通常の努力を行っても保険料未納がなくならず、財源が不足した場合などは、**不足分の半分を交付**します（残りの半分については、貸付けます）。一方、市町村介護保険事業計画がうまく進まず、予算が足りなくなってしまった場合などは、**不足分の全額貸付**を行います。

　そして、財政安定化基金から貸付を受けた市町村は返済する必要があります。その際の財源は、**第 1 号被保険者の保険料とする**ことになっています。

◎ 財政安定化基金の負担割合は?

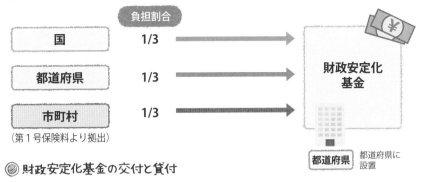

	負担割合	
国	1/3	→
都道府県	1/3	→
市町村	1/3	→

（第1号保険料より拠出）

財政安定化
基金

都道府県　都道府県に
設置

◎ 財政安定化基金の交付と貸付

・交付金：通常の努力を行ってもなお生じる保険料未納による不足

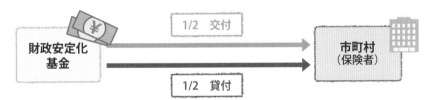

財政安定化
基金　→　1/2　交付　→　市町村
（保険者）

1/2　貸付

・貸付金：計画の見誤りなどで生じる不足

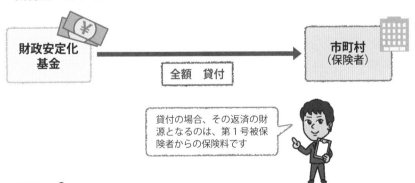

財政安定化
基金　→　全額　貸付　→　市町村
（保険者）

> 貸付の場合、その返済の財源となるのは、第1号被保険者からの保険料です

ワンポイント

財政安定化基金の「機能」をきちんと覚えよう！

財政安定化基金は、出題頻度が高い項目です。覚えるべきポイントは、「都道府県に設置されている」「その資金は、国・都道府県・市町村が3分の1ずつ拠出する」などです。財政安定化基金がどのような機能を持つかをきちんと理解しましょう。

34 地域支援事業と地域包括支援センター

介護予防・日常生活支援総合事業、
包括的支援事業、任意事業の３つがあります

2005（平成17）年の介護保険法改正で創設されたものに**地域支援事業**があります。この事業では、介護保険の理念に基づき、できるだけ自宅で生活ができるよう医療と介護の連携や、認知症施策の推進などが行われています。2014（平成26）年の介護保険法改正で大幅に見直され、現在に至っています。

地域包括支援センターとは？

地域支援事業には大きく、**介護予防・日常生活支援総合事業**（90ページ参照）、**包括的支援事業**（92ページ参照）、**任意事業**の３つがあります。そのうちの包括的支援事業を行うために2006（平成18）年4月から運営がスタートしたのが、**地域包括支援センター**です。

地域包括支援センターには、**保健師**、**社会福祉士**、**主任介護支援専門員**の３職種のほか、専門職や事務職を配置し、地域の保健医療の向上、および福祉の増進を包括的に支援しています。地域包括支援センターは**市町村が設置主体**ですが、包括的支援事業の委託を受けた者も地域包括支援センターを設置することができます。業務内容としては、包括的支援事業のうち、地域包括支援センターの運営分（右ページ参照）や、介護予防・日常生活支援総合事業の一部（受託を受けて実施）、市町村から指定を受けた介護予防支援事業です。そのほか、包括的支援事業のうち、社会保障充実分（右ページ参照）や任意事業を行う場合もあります。

地域包括支援センターは、日常生活圏域（主に中学校の校区）につき１つ配置されることが望ましいとされており、多くの場合、市町村内で２つ以上の地域包括支援センターが存在しています。そして、それらが問題の共有や連携を行っていくために、**地域包括支援センター運営協議会**が**原則**、**市町村単位で設置**されています。

◎ 地域支援事業の主な内容

介護予防・ 日常生活支援 総合事業	介護予防・生活支援 サービス事業 （第1号事業）	① 訪問型サービス ② 通所型サービス ③ 生活支援サービス ④ 介護予防ケアマネジメント
	一般介護予防事業	① 介護予防把握事業 ② 介護予防普及啓発事業 ③ 地域介護予防活動支援事業 ④ 一般介護予防事業評価事業 ⑤ 地域リハビリテーション活動支援事業
包括的 支援事業	地域包括支援センター 運営分	① 第1号介護予防支援事業（要支援者にかかる ものを除く） ② 総合相談支援業務 ③ 権利擁護業務 ④ 包括的・継続的ケアマネジメント支援業務
	社会保障充実分	⑤ 在宅医療・介護連携推進事業 ⑥ 生活支援体制整備事業 ⑦ 認知症総合支援事業 ⑧ 地域ケア会議推進事業
任意事業	家族介護支援事業、介護給付等費用適正化事業　　……など	

地域支援事業には、
大きく分けて3つあります

◎ 地域包括支援センター

地域包括 支援センター		
	目的	地域の保健医療の向上、および福祉の増進を包括的に 支援すること
	設置主体	市町村（ただし、市町村から包括的支援事業の委託を 受けた者も設置することができる）
	職員配置 基準	保健師、社会福祉士、主任介護支援専門員のほか、他 の専門職や事務職が配置される

ワンポイント

「法律で定められていること」を
しっかりマスターしよう！

地域支援事業を苦手とする受験生は多いようですが、まずは大枠を
理解しましょう。地域支援事業は各地域によって特色がありますが、
そうした特色は試験には出題されません。試験対策としては、法律
で定められていることだけに着目して学習しましょう。

35 介護予防・日常生活支援総合事業

介護予防・生活支援サービス事業と
一般介護予防事業の2つがあります

　前項で解説した地域支援事業の1つである**介護予防・日常生活支援総合事業**（以下、「総合事業」）は、市町村が主体となり、主に地域の高齢者に対して展開していく事業です。

　急速な高齢化に伴い、現在の日本では、介護が必要な高齢者の数も増加の一途をたどっています。そこで介護保険制度では、「介護が必要な高齢者に必要な介護を提供する」だけでなく、**「介護が必要な高齢者を増やさない」という考え方**も採り入れることにしました。これがいわゆる「介護予防」の考え方です。

「第1号事業」と「一般介護予防事業」

　総合事業は、**第1号事業（介護予防・生活支援サービス事業）と一般介護予防事業**に分けられます。

　第1号事業では、要支援者と「基本チェックリスト」（機能低下をチェックするために設けられた質問式シート。25個の質問項目からなる）に該当する者を対象に、ホームヘルプサービスやデイサービスなどを提供します。

　この場合、ヘルパーさんなどがすべて行うのではなく、どちらかといえば利用者と**「一緒に行う介助」**に重きがおかれています。たとえば、調理を行う場合、細かい作業は難しくても、冷蔵庫からの食品の取出しやお皿の盛付けが可能なら、その部分は自分でしてもらうという感じです。これは、リハビリテーションにもつながり、被保険者の生活機能維持が期待できます。

　一般介護予防事業は、すべての第1号被保険者とその方々を支援する者(家族など)が対象となります。

　具体的な内容としては、**介護予防活動の普及・啓発のために講演会を開催**したり、**介護予防に携わる人を養成するための講座**を行ったりします。

◎ 2つの事業の「対象者」となるのは？

1 介護予防・生活支援サービス事業（第1号事業）の対象者

	第1号被保険者	第2号被保険者
要介護者	○※	○※
要支援者	○	○
チェックリスト該当者	○	
それ以外		

※市町村が認めた居宅要介護者（継続利用要介護者）も利用できるようになった

2 一般介護予防事業の対象者

	第1号被保険者	第2号被保険者
要介護者	○	
要支援者	○	
チェックリスト該当者	○	
それ以外	○	

◎ 介護予防・日常生活支援総合事業の主な内容

介護予防・生活支援サービス事業（第1号事業）	ホームヘルプサービスやデイサービスなどを提供 ① 訪問型サービス　　　　　（第1号訪問事業） ② 通所型サービス　　　　　（第1号通所事業） ③ 生活支援サービス　　　　（第1号生活支援事業） ④ 介護予防ケアマネジメント（第1号介護予防支援事業）
一般介護予防事業	介護予防活動の普及・啓発のための講演会開催や、介護予防に携わる人の養成講座の開催など ① 介護予防把握事業 ② 介護予防普及啓発事業 ③ 地域介護予防活動支援事業 ④ 一般介護予防事業評価事業 ⑤ 地域リハビリテーション活動支援事業

📖✍️ **ワンポイント**

2つの事業の「対象者」を整理しておこう！

介護予防・日常生活支援総合事業の2つの事業については、「対象者」の違いを理解しておくことが重要です。

36 包括的支援事業

現在、８つの事業があり、市町村の委託を受けた
地域包括センターが一体的に担っています

次に地域支援事業の中の**包括的支援事業**を見ていきます。

これは、地域包括支援センター（88ページ参照）が一体的に担う事業として、2006（平成18）年４月にスタートしました。その名の通り、**地域で高齢者を包み込む（包括する）ように支えていく事業**となっています。

どのような事業を実施しているのか？

包括的支援事業は、スタートした当初は４事業でしたが、現在は８つの事業（業務）が行われています。

具体的には、①主に、基本チェックリスト該当者（90ページ参照）に対するケアマネジメントを行う**第１号介護予防支援事業**、②高齢者やその家族の相談を受け付け、関係機関につなげていく**総合相談支援業務**、③高齢者虐待の早期発見や防止、高齢者の権利を守る制度・法律の活用促進を行う**権利擁護業務**、④地域のケアマネに対してアドバイスなどを行う**包括的・継続的ケアマネジメント支援業務**、⑤医療・介護の関係機関の連携を進める**在宅医療・介護連携推進事業**、⑥総合事業の中の「第１号事業」（90ページ参照）の充実に向けて、人材育成や発掘、連携を行う**生活支援体制整備事業**、⑦認知症の早期発見や、認知症利用者とその家族に対する支援を行う**認知症総合支援事業**、⑧市町村の設置が努力義務となっている地域ケア会議の運営に関する**地域ケア会議推進事業**です。

包括的支援事業は、市町村の委託を受けて地域包括支援センターが行います。ただし、この８つの事業のうち、①～④の４つの事業は、地域包括支援センターが運営することになっていますが、⑤～⑦の３つの事業については、**地域包括支援センター以外への委託も可能です。この３つに⑧を加えた４つの事業を「社会保障充実分」といいます。**

◎ 包括的支援事業とは？

地域包括支援 センター運営分	① 第1号介護予防支援事業 （要支援者を除く）	基本チェックリスト該当者に対して ケアプランを作成するなどのケアマ ネジメントを行う
	② 総合相談支援業務	高齢者やその家族の相談を受け付け、 その状況を把握し、関係機関につな げていく。一部を居宅介護支援事業 者等に委託することができる
	③ 権利擁護業務	高齢者虐待の早期発見や防止など、 高齢者の権利を守るための活動を、 制度や法律を活用しながら行っていく
	④ 包括的・継続的 ケアマネジメント支援業務	地域の介護支援専門員に対してアド バイス等を行う
社会保障充実分	⑤ 在宅医療・ 介護連携推進事業	医療・介護の関係機関の連携を進める ために、会議や研修等を開催する
	⑥ 生活支援体制整備事業	総合事業の中にある「第1号事業」を 充実させるために、人材の発掘や育 成、さらには連携を進めていく（※）
	⑦ 認知症総合支援事業	認知症の早期発見や、認知症の被保険 者とその家族に対するサポートを行う
	⑧ 地域ケア会議推進事業	市町村の設置が努力義務となっている地 域ケア会議の運営に関する業務を行う

※生活支援コーディネーターや就労的活動支援コーディネーターが中心

◎「社会保障充実分」の委託先

事業	委託先
在宅医療・介護連携推進事業	保健所、医師会 など
生活支援体制整備事業	社会福祉協議会 など
認知症総合支援事業	精神科病院 など

この3つの事業が「地域包括支援センター以外に委託できる事業」となります

ワンポイント

委託が「できない事業」と「できる事業」を分けて覚えるのがコツ！

包括的支援事業は出題されやすくなっています。地域包括支援セン
ターが実施する事業と、委託可能な社会保障充実分の事業を分けて
覚えるのがコツです。社会保障充実分の事業の内容は、過去問を活
用して学習しましょう。

37 介護サービス情報の公表

介護サービス情報公開システムによりすべての
事業者・施設の客観的な情報が確認できます

　介護保険制度が始まってから25年以上が経過している現在、スタート当時と比べると、サービスの種類も施設数・事業所数も格段に増加しています。そして、インターネットの普及などにより、たくさんの介護サービスの中から利用者が自分に必要なものを手軽に選べるようになってきました。

　ただ、だからといって、利用者が本当に必要としているサービスにたどりつけているのかというと、実際はそうでもないようです。たとえば、ある事業所のホームページに「私たちのヘルパーステーションには、ヘルパーさんがたくさんいます！」という表現があれば、多くの人は「たくさんいるんだから、いつでも来てくれるだろう」と思うでしょう。ところが、その言葉を信じて契約した結果、実際はそれほど多くなかったということもあります。

情報の調査・公表を行うのは都道府県

　そうした状態を解消すべく設けられたのが、**介護サービス情報の公表制度**です。2006（平成18）年4月にスタートしました。そして、この制度に基づいてつくられたのが、**介護サービス情報公開システム**です（インターネットで閲覧可能）。

　ここでは、すべての事業者・施設に対して同じ質問をし、その回答を義務づけ、それらをもとに客観的な情報が公表されています。その結果、利用者は情報を比較しながら、サービス事業者や施設などを選ぶことができます。

　これらの情報の**調査・公表は、都道府県が行います**。ただし、実際の調査事務や情報の公表事務については、指定制度を利用して**指定調査機関**や**指定情報公表センター**にお願いしている場合もあります。情報の内容は、**基本情報、運営情報、任意報告情報**に分類されており、そのうちの**基本情報と運営情報は必ず公表しなければならないもの**となっています。

◎ 介護サービス情報の公表制度のメリット

ホームページやチラシで
サービス内容を宣伝

私どもには、たくさんのヘルパーさんがいます

あら、ここの事業者さん、よさそうだわ

利用者様のご都合に合わせて訪問できます

えー！たくさんヘルパーさんがいるんじゃなかったの！

すみません！その時間帯は、すでに埋まっています

これなら、各事業所を客観的に比較できるわ！

介護サービス情報公開システムならば…

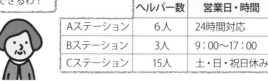

	ヘルパー数	営業日・時間
Aステーション	6人	24時間対応
Bステーション	3人	9:00〜17:00
Cステーション	15人	土・日・祝日休み

すべての
事業者・施設の
情報を公開

◎「公表すべき内容」とは？

基本情報	運営情報
基本的な事実情報であり、公表するだけで足りるもの	事実かどうかを客観的に調査することが必要な情報
・事業者や事業所の名称 ・事業所の職員の体制 ・事業所の運営方針 ・介護サービスの内容・提供実績 ・床面積、機能訓練室等の設備 ・利用料金、特別な料金 ・サービス提供時間 ・苦情対応窓口の状況　　…など	・介護サービスに関するマニュアルの有無 ・サービスの提供内容の記録管理の有無 ・職員研修のガイドラインや実績の有無 ・身体拘束を廃止する取組みの有無 　　　　　　　　　　　　　…など

📖✍ ワンポイント

「公表すべき内容」の項目は、すべて要暗記！

介護サービス情報の公表の項目はそれほど出題頻度が高くなく、「公表すべき内容」（基本情報と運営情報）のみを覚えていれば点数がとれます。しっかり覚えておきましょう。

38 国民健康保険団体連合会

健康保険に関する業務だけでなく、
現在は、介護保険関係の業務も一部担っています

　国民健康保険団体連合会（以下、「国保連」）は、もともとは健康保険に関係する団体で、各市町村および国保健康組合が加入しています。介護保険が始まったことで、**介護保険に関係する一部の業務を行う**こととなりました。

どのような業務を行っているのか？

　介護保険に関連して国保連が担っている業務にはいくつかあります。

　1つが、市町村から委託を受けて行う、介護報酬や介護予防・日常生活支援総合事業（90ページ参照）にかかる**請求の審査・支払い**の業務です。事業者や施設は、本来、市町村に請求すべき費用を国保連に請求します（58ページ参照）。

　同じく市町村から委託を受けた**介護給付費等審査委員会の設置・運営**もあります。本来なら市町村が運営すべきですが、前述の審査・支払いと一体的に委託したほうが効率的だという考えからセットでの委託となっています。

　市町村から委託を受けた業務はまだあります。それは**第三者行為求償事務**です。第三者によって起こされた事故（交通事故など）によって要介護状態となった場合は、加害者の損害賠償によって介護費用がまかなわれますが、一時的に介護保険から費用が立て替えられます。その後、立替え分を加害者に請求する事務がこれに当たります。

　そのほか、**利用者からの苦情処理対応**の業務もあります。これは市町村からの委託ではなく、**国保連独自の業務**となっています。

　また、国保連は**居宅サービス、介護予防サービス、介護保険施設などの運営**を行うことができます。積極的に行うわけではありませんが、国民健康保険の保険者が運営している病院や診療所（国保直診病院・診療所）が、介護保険サービスを行うことがあるため、このように定められているのです。

◎ 国保連の介護保険関係の業務とは?

①請求の審査・支払い	市町村からの委託を受けて、介護報酬や介護予防・日常生活支援総合事業にかかる請求の審査・支払いを行う

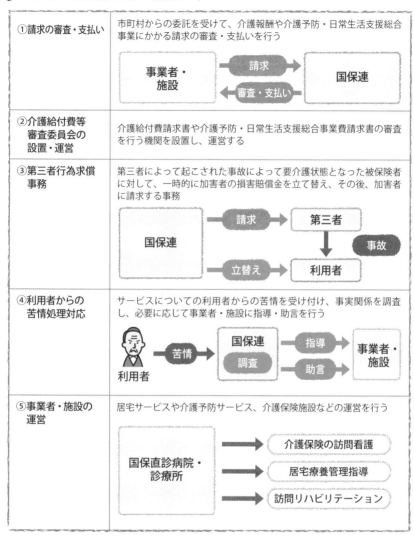

事業者・施設 ─請求→ 国保連
事業者・施設 ←審査・支払い─ 国保連

②介護給付費等審査委員会の設置・運営	介護給付費請求書や介護予防・日常生活支援総合事業費請求書の審査を行う機関を設置し、運営する
③第三者行為求償事務	第三者によって起こされた事故によって要介護状態となった被保険者に対して、一時的に加害者の損害賠償金を立て替え、その後、加害者に請求する事務

国保連 ─請求→ 第三者
第三者 →事故→ 利用者
国保連 ─立替え→ 利用者

④利用者からの苦情処理対応	サービスについての利用者からの苦情を受け付け、事実関係を調査し、必要に応じて事業者・施設に指導・助言を行う

利用者 →苦情→ 国保連（調査）→指導→ 事業者・施設
国保連 →助言→ 事業者・施設

⑤事業者・施設の運営	居宅サービスや介護予防サービス、介護保険施設などの運営を行う

国保直診病院・診療所 → 介護保険の訪問看護
国保直診病院・診療所 → 居宅療養管理指導
国保直診病院・診療所 → 訪問リハビリテーション

ワンポイント

試験で問われるのは、
「介護保険」関係の業務についてのみ!

国民健康保険団体連合会（国保連）で問われるのは、「国保連の業務」のみです。確実に覚えてしまいましょう。

39

介護支援専門員

介護支援専門員に求められる「公平」とは、
「必要なところに必要なサービスを提供する」です

　ケアマネ（介護支援専門員）になるためには、一定の実務経験を経たうえで、年１回行われる試験に合格し、その後、実務研修を修了し、**都道府県に登録**します。ケアマネの場合、試験に合格したらすぐにその仕事ができるわけではなく、研修や登録など合格後に行わなければならないことがいろいろとあるのです。

　また、ケアマネの資格は登録をすれば一生有効というわけではなく、**有効期間は登録日から５年間**です。ケアマネとして継続的に仕事を続けるためには、更新研修を受け、再度登録の手続きが必要となります。

ケアマネの仕事における「公平」とは？

　ケアマネは、介護保険制度の核となる職務です。そのため、公平・中立の立場をもって業務に携わらなければなりません。ただ、ケアマネの考える「公平」は、利用者すべてに同じだけのサービスを提供するというものではなく、「**必要なところに必要なサービスを提供する**」というものです。たとえば、子どもが４人いて、そのうち２人が幼稚園児、残りの２人が小学校６年生だったとします。その場合、目の前の丸いケーキを平等に切り分けたら、どうでしょう。幼稚園児たちはお腹いっぱいで残してしまうかもしれません。小学校６年生たちは「足りない」と言うかもしれません。

　そうなると、全員が満足のいく結果になりませんよね。小学校６年生には少し多めにし、幼稚園児には少し少なめにするといった配慮があったほうが、全員が満足する可能性が高くなります。

　これが、ケアマネに求められる「公平」です。ケアマネには、利用者にとって、何がどう必要かを見きわめ、必要なサービスを提供できるような計画書を作成することが求められるのです。

◎ 介護支援専門員（ケアマネ）になるには？

法定資格所有者	または	相談援助に従事している者
介護福祉士、看護師、理学療法士、作業療法士 …など		介護保険法や障害者総合支援法などに規定される施設での相談援助の仕事 （7ページ参照）

5年間の実務経験

↓

介護支援専門員実務研修受講試験

合格

↓

介護支援専門員実務研修

修了・登録

↓

介護支援専門員（ケアマネ）

◎ 介護支援専門員における「公平」とは？

介護支援専門員における「公平」 ＝ 必要なところに必要なサービス

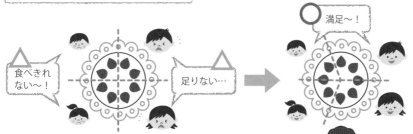

満足〜！

食べきれない〜！

足りない…

「公平」とは、必ずしも「平等」でないということですね

 ワンポイント

これまでの仕事の経験を振り返りながら学習しよう

相談支援の仕事では、必要な職業倫理や義務、責務など、ケアマネ試験の出題内容と共通する部分がたくさんあります。いままでの仕事を振り返りながら学習しましょう。

40 介護支援サービス

ケアプランを作成するためのアセスメントや
モニタリングなどの一連の流れのことです

　介護保険制度では、利用者のケアプランを作成するために行わなければならないことがあります。それを**介護支援サービス（ケアマネジメント）**といいます。

　介護支援サービスの流れとして、①利用者の情報を収集し、利用者の全体像をつかみ、ニーズを抽出する（**アセスメント**）、②アセスメントをもとに計画案を作成し、本人・家族・担当者などが集まり計画案を共有する（**サービス担当者会議**）、③**計画の確定・実施**、④実施に関する振り返り（**モニタリング**）となります。

介護保険の計画での「インフォーマルサポート」の位置づけは？

　①のアセスメントは**課題分析**ともいわれます。これは計画作成前には必ず通過する重要なプロセスで、利用者のニーズ（生活課題）を明確にし、そこから本当に必要なサービスを調整していきます。

　計画に盛り込まれるサービス（サポート）において、**公的なサービス（医療保険や介護保険などによるもの）**をフォーマルサービス、**私的なサービス（家族やボランティアなどによるもの）**をインフォーマルサポートといいます。介護保険の計画なので、フォーマルサービスを積極的に使っていくイメージがありますが、実際の優先順位は、**インフォーマルサポート→フォーマルサービスの順**です。利用者ができない部分は、まず家族などがサポートし、そこでまかないきれない部分について公的なフォーマルサービスが提供されるという位置づけです。

　たとえば、家族全員が平日仕事に出ている場合、夜間や休日などは家族が利用者の介護を行い（インフォーマルサポート）、平日、仕事で家を不在にせざるを得ない場合に、フォーマルサービスを調整するというイメージです。

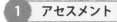 **介護支援サービスの流れ**

1	**アセスメント**	利用者の情報を取集し、利用者の全体像をつかみ、ニーズを抽出する

↓

2	**サービス担当者会議**	アセスメントをもとに計画案を作成し、本人・家族・担当者などが集まり、計画案を共有する

↓

3	**計画の確定・実施**	計画を確定し、実施する

↓

4	**モニタリング**	計画の実施について、振り返りを行う

インフォーマルサポートとフォーマルサービス

あくまでもメインは家族などのサポートで、それでまかないきれない部分については、公的サービスが提供されるという順序になる

メイン

インフォーマルサポート

家族やボランティアなどによる**私的なサービス**

まかないきれない部分

フォーマルサービス

公的なサービス

 **ワンポイント**

頻出項目は、「介護支援サービスの全体像」と「アセスメント」

介護支援サービスの問題は試験で頻出します。問われやすいのが、介護サービスの全体像とアセスメントの内容についてです。

41 計画の作成とモニタリング

ケアプランは、「サービス担当者会議」や
実施後の「モニタリング」で調整されていきます

　介護支援サービスの流れにおいて、アセスメントが実施された後、利用者の計画案の作成が行われます。そして、介護支援サービスでは作成後に即実施とはなりません。というのも、「訪問介護を使うけれど、どの事業者を使うか」「訪問介護の費用は、いくらくらいするのか」など、確認しておくことが山ほどあるからです。

　そこで、実際にサービス提供が始まる前に、**計画案をもとに、利用者や家族を交えて、全担当者が集まる場**を設けます。それが**サービス担当者会議**です。

　この名称から、専門家だけが集まるようなイメージがありますが、原則として、本人や家族も出席します。なにせ本人は自分のことを一番わかっていますし、家族はインフォーマルサポートのメインですからね。

　ちなみにこの**サービス担当者会議は、ケアマネが主宰**します。

実際のニーズにそっているか確かめるモニタリング

　サービス担当者会議が終了し、計画が確定したら、ようやく実際にサービス提供が始まります。しかし、実際にこの計画はうまくいくのでしょうか。

　専門家たちがしっかりと話し合い、本人と家族も交えて確定した計画なので、うまくいく確率はかなり高いでしょう。ただ、計画にはあくまで「机上の空論」の部分があるのは否めません。スタートしてから気づくこともあります。そのために、定期的にその計画がうまくいっているかを確認する必要があります。それを**モニタリング**といいます。

　モニタリングでは、**計画通りに進んでいるかを確認**するとともに、利用者が望む生活に至るまでに**達成する目標の進捗状況**なども確認していきます。また、利用者自身の状態変化などにより、**新たな生活課題（ニーズ）が発生していないか**も確認します。

◎ 計画の作成の流れ

計画案の作成

- アセスメントの結果、利用者の生活課題（ニーズ）解決のための計画案を作成する
- 1週間の流れなどを確認し、公的サービス（フォーマルサービス）を利用する場合、利用者の自己負担額なども確認する

サービス担当者会議

- ケアマネが、利用者やその家族、全サービスの担当者を招集して開催（日程などもケアマネが調整）
- 参加者は、利用者、その家族、利用するサービスの担当者（ヘルパー、福祉用具専門相談員、デイサービスの担当者など）、ケアマネ
- 計画案に基づき、利用者やその家族の意向を聞く
- 利用者の同意があれば、テレビ会議等での開催も可能

計画の確定・実施

◎ モニタリングの方法

ケアマネ

モニタリング

チェックするのは…

「計画通りにいっているか？」
「目標達成はできているか？」
「新しいニーズはないか？」

居宅介護支援の場合

利用者宅へ

利用者

家族

	居宅介護支援	施設介護支援
モニタリングの方法	訪問、電話、FAX、eメールなど	
訪問の頻度	月に1回	定期的に行う
モニタリングの記録	月に1回	定期的に行う

施設介護支援の場合

施設内で

施設に入所している利用者

📖✍ ワンポイント

「アセスメント」とからめて理解しよう！

計画の作成では、事例問題の形で、利用者に対する考え方や計画作成の具体的な方法がよく問われます。モニタリングに関しては、居宅介護支援と施設介護支援との「頻度」の違いを押さえましょう。

42 居宅介護支援事業の基準

介護支援サービスを提供する居宅介護支援
事業者の指定基準を理解しましょう

　要介護者を対象に介護支援サービスを実施する者を**居宅介護支援事業者**といいますが、事業者はその事業の実施にあたって「基準」を満たしている必要があります。基準には**基本方針と人員基準、運営基準の3つ**があります。

　居宅介護支援事業は、**基本方針**にそって行わなければなりません。基本方針にはたとえば、要介護者が可能な限り居宅で、その有する能力に応じて自立した日常生活を送れるように配慮する、利用者の選択に基づき、多様な事業者から、適切な保健医療サービスや福祉サービスが総合的・効率的に提供されるよう配慮する、介護保険法や老人福祉法に規定する事業者・施設、障害者総合支援法に規定されている**相談支援専門員**との連携にも努める、などがあります。

　人員基準としては、管理者として**常勤専従である主任介護支援専門員を1名**、従業者として**常勤専従である介護支援専門員を1名配置**しなければなりません。従業員である介護支援専門員は、**1名あたり利用者35名まで担当**することができます。利用者が35名を超えた際には、介護支援専門員を1名増員する必要がありますが、その職員は非常勤でもOKです。

　運営基準としては、たとえば、正当な理由なくサービス提供を拒んではならない、要介護認定の更新の申請を、**遅くとも有効期間満了の30日前には行わなければならない**、など多数あります。

公正中立であるために求められること

　また、居宅介護支援は**公正中立**な立場で行うものであるため、サービス提供の対償として金品を受領してはならない、事業者および管理者は、従業者である介護支援専門員に対して特定の居宅サービス事業者を居宅サービス計画に位置づけるよう指示してはならない、なども定められています。

◉ 居宅介護支援事業の基準

基本方針	・できる限り居宅で、その有する能力に応じて自立した日常生活を送れるように配慮する ・利用者の選択に基づき、多様な事業者から総合的・効率的にサービスが提供されるように配慮する ・つねに利用者の立場に立って、サービスを公正中立に行う ・市町村や他施設・他事業者との連携に努める

人員基準	職種	人数、資格要件等
	管理者	1名（常勤専従）、主任介護支援専門員
	従業者	1名（常勤専従）、介護支援専門員

運営基準	・提供拒否の禁止 ・要介護認定の申請にかかる援助 ・身分証の携行 ・個別サービス計画の提出依頼 ・地域ケア会議への協力 ・運営規程 ・業務継続計画の策定 ・感染症対策 ・虐待防止の推進 ・サービス担当者会議等のテレビ電話などの活用 ・書面は電磁的記録でも可能（相手方の承諾が必要）

居宅介護支援については、人員基準と運営
基準の出題頻度が高くなっています。
ほかのサービスとの違いなどについても
整理しておきましょう

 ワンポイント

人員基準と運営基準は、細かいところまで
きちんと覚えよう！

居宅介護支援は、主に人員基準と運営基準からの出題となります。
とくに運営基準はケアマネとして理解しておかなければならない項
目が多いので、細かい事項まで出題されます。この知識はケアマネ
になってからも必要となりますので、いまのうちにきちんと覚えて
おきましょう。

43 介護予防支援事業の基準

介護予防支援では「自立」をキーワードに
介護予防サービス計画が作成されます

　要支援者が対象の介護支援サービスは介護予防支援となりますが、それを実施する事業者を**介護予防支援事業者**といいます。

　介護予防支援でのキーワードは「自立」です。要介護状態にならないように、利用者の選択に基づき自立に向けた目標を設定し、その達成に向けた支援をしなければなりません。

　そのために、介護予防支援を行うにあたり、「介護予防のための効果的な支援の方法に関する基準」が定められています。そこには、単なる機能改善だけでなく、利用者の日常生活での自立のための取組みを総合的に支援することで、生活の質の向上を目指すことなどが定められています。

　具体的には、利用者が一方的に介護を受けるのではなく、その行為を援助者と「**一緒に行う**」ことで、機能の維持・向上を目指します。そのため、介護予防サービス計画は**目標志向型**である必要があります。

運営基準は基本的に「居宅介護支援」と同じ

　介護予防支援事業は、事業の実施において、人員や運営での基準を満たしていなければなりません。

　人員基準としては、管理者については常勤専従で、前項の居宅介護支援事業者とは異なり、**主任介護支援専門員などの資格を有している必要はありません**。従業者については、①保健師、②介護支援専門員、③社会福祉士、④経験ある看護師、⑤高齢者保健福祉に関する相談業務等に３年以上従事した社会福祉主事のいずれかの資格を有し、介護予防支援業務に関する必要な知識・能力を有する者を１名以上配置します。なお、１名あたりの担当件数について決まりはありません。運営基準については、基本的な部分は居宅介護支援事業と同様です（104ページ参照）。

◎ 介護予防支援事業の3つの基準

介護予防のための効果的な支援の方法に関する基準	・特定の機能の改善だけを目指すのではなく、日常生活の自立のための取組みを総合的に支援することで、生活の質の向上に努める ・利用者の主体的な取組みを支援し、利用者の生活機能の向上に対する意欲を高めるよう支援する ・利用者の状態の特性を踏まえた目標を設定し、共有する ・できる行為は可能な限り本人が行うよう配慮する ・個別性を重視した効果的な計画とする

人員基準	職種	人数、資格要件等
	管理者	常勤専従、資格は不問
	従業者	1名以上、下記のいずれかであること 　①保健師 　②介護支援専門員 　③社会福祉士 　④経験のある看護師 　⑤社会福祉主事（3年以上の実務経験必要）

指定を受けることができるのは、地域包括支援センターの設置者と介護予防支援事業者です

運営基準	・提供拒否の禁止 ・要介護認定の申請にかかる援助 ・身分証の携行 ・個別サービス計画の提出依頼 ・地域ケア会議への協力 ・運営規程 ・業務継続計画の策定 ・感染症対策 ・虐待防止の推進 ・サービス担当者会議等のテレビ電話などの活用

人員基準について、居宅介護支援との相違点＆共通点を整理する

介護予防支援については、地域包括支援センターとの関係や、居宅介護支援事業者との違いがしばしば問われます。運営基準は居宅介護支援のものと同じですが、人員基準は異なります。その違いを押さえておくことが大切です。

コラム 介護支援分野では「要介護認定」の出題が最多

　介護支援分野の出題実績としては、「要介護認定」「居宅介護支援事業者」「地域支援事業」などが多くなっています。これらをクリアすることが合格への第一歩ともいえます。

　「要介護認定」の場合、その出題範囲は幅広く、「認定申請代行」「認定調査項目」「主治医意見書の項目」「介護認定審査会」「要介護認定等の認定有効期間」などが出題されています。

　「居宅介護支援事業者」については、ケアマネ試験ですから、出題されないことはあり得ないのですが、とくに「運営基準」の出題が多く見られます。

　その他の項目については、たとえば「被保険者」に関することや「保険給付」については、毎年のように出題されています。まずは確実に出題される分野から重点的に学習していきましょう。

「介護支援分野」の出題実績（第21回～第25回）※			
要介護認定	17問	居宅サービス計画	4問
居宅介護支援事業者	9問	被保険者	4問
地域支援事業	7問	保険料	4問
介護保険法条文	5問	介護サービス情報の公表	4問
介護保険財政	5問	介護保険制度改正	4問
保険給付	4問	介護支援専門員	4問

※事例問題除く

　また、24回と25回では事例問題が3問出題されました。この傾向は続くかもしれません。

第 **2** 章

保健医療分野

高齢者の疾病を中心に、在宅医療管理、バイタルサイン・検査値、認知症、リハビリテーション、感染症などが問われます。「老化」「機能低下」がキーワードです。また、医療系サービスの内容についても問われます。苦手意識を持たないよう浅く広く学びましょう。

01 老年症候群

加齢に伴って起こる身体的、
あるいは精神心理的な症状を指します

　老年症候群は、年齢を重ねていくにつれて見られるようになる症状の総称です。つまり、簡単にまとめてしまうと、「**老化現象**」のことです。この老年症候群は**身体的な部分だけでなく、精神心理的な部分も含みます**。そのため、一見元気そうな高齢者であっても、精神心理的な部分での衰えが発生している可能性もあります。

老年症候群にはどのようなものがある？

　まず、身体的なものから見ていきましょう。老年症候群としてよく見られるのが、**フレイル**や**サルコペニア**です。フレイルは、①体重減少、②筋力低下、③疲労感、④歩行速度低下、⑤身体活動量低下の５つのうち３つ以上当てはまった状態を指します。サルコペニアは骨格筋量の減少、筋力や身体機能の低下などが見られます。

　廃用症候群という状態もよく起こります。これは、本当はできるにもかかわらず、時間がかかってしまうなどの理由でやらなくなることで、本当にできなくなってしまうという症状です。たとえば、ゆっくりとなら歩ける高齢者が、歩くのに時間がかかるためにつねに車いすで移動していると、次第に下肢の筋力が低下し、まったく歩けなくなるといった状態です。

　老年症候群の精神心理的なものとしては、**認知機能の低下**が挙げられます。たとえば、記憶力・判断力・計算力の低下などです。ただし、ここで気をつけなければならないのは「**認知症（130 ページ参照）とは違う**」ということです。記憶力の低下は加齢に伴い誰にでも起こり得ます。たとえば、「何かを覚えたい」という場合、以前より時間はかかるものの覚えることはできます。一方、認知症の場合は、脳の機能が損傷されるため、完全に「覚えられない」状態となるのです。

◎ 老年症候群の種類

● **高齢者でなくても見られる急性、あるいは慢性の症状だが、高齢者で頻度が高く、特別な配慮が必要となる病態**

身体的なもの	精神心理的なもの
咳・痰、呼吸困難、肩こり、手足のしびれ、転倒、骨折、不整脈、起立性低血圧、貧血、食欲不振、低栄養、脱水、便秘、頻尿	意識障害、抑うつ、不眠

● **高齢者に特有、あるいは主に高齢者に見られる病態**

身体的なもの	精神心理的なもの
骨粗鬆症、難聴、視力障害、排尿障害、フレイル、サルコペニア、褥瘡(じょくそう)、廃用症候群、誤嚥、嚥下障害	認知機能障害、せん妄

◎ よく見られる老年症候群の症状

 フレイル — 高齢者において、①体重減少、②筋力低下、③疲労感、④歩行速度低下、⑤身体活動量低下の5つのうち3つ以上当てはまった状態のことをいう

サルコペニア — 加齢に伴って骨格筋量が減少したり、筋力や身体機能が低下したりすること

廃用症候群 — 過度に体を動かさないことで生じる、筋萎縮や関節拘縮、起立性低血圧、褥瘡、うつ状態といった心身のさまざまな症状の総称

📖✏ ワンポイント

老年症候群は出題傾向が高い！正しく理解しておこう

老年症候群のキーワードは「機能低下」です。単なる老化現象といえども、その症状が大きな疾病を引き起こすこともあります。

02 在宅医療管理

自宅でできる医療処置のことです。
その種類をチェックしておきましょう

　近年、試験でしばしば問われるのは、自宅で注射を行う**在宅自己注射**です。具体的には、糖尿病患者の**インスリン注射**などがあります。インスリン注射は、医師や看護師の指導を受ければ誰でも簡単に行うことができます。

　また、飲み薬や舌下錠、坐薬など、携帯できるさまざまな医療用麻薬の登場で、現在、痛みのコントロール（ペインコントロール）も在宅で行えるようになっています。これを**悪性腫瘍疼痛管理**といい、主に末期がんでのペインコントロールとして行われています。

　人工透析も、従来の週3回程度通院して行う**血液透析**に加え、自宅でできる**腹膜透析**が徐々に広まってきています。これは腹腔に透析液を入れることで腹膜を介して余分な水分や老廃物を体外に排出するという方法で、通院も月1〜2回に減らすことができます。

在宅でできる酸素吸入や栄養剤注入とは？

　在宅酸素療法や**人工呼吸療法**も試験でしばしば問われます。在宅酸素療法は、慢性閉塞性肺疾患（120ページ参照）などの呼吸器疾患等で酸素不足になりがちな人が自分で酸素投与を行う方法です。鼻の下に管（鼻カニューレ）を配置し、必要なときに吸うことで酸素不足を補うことができます。人工呼吸療法は、自発呼吸が不安定、もしくはできなくなった人に行います。マスクなどを利用する**非侵襲的陽圧換気法**（「侵襲」とは、手術などの医療行為によって身体に外的なストレスを与えることをいいます）や、気管切開を行い、気管カニューレを挿入して行う**侵襲的陽圧換気法**があります。

　また、胃や腸などに管を使って直接栄養分を注入する**経管栄養法**もあります。「胃ろう」の場合、胃の中で膨らませた風船で固定する**バルーン型**、ゴムでできたストッパーで固定する**バンパー型**などの方法があります。

◎ 在宅医療管理の種類

在宅自己注射

自宅で注射を行うこと。よく行われているのが、糖尿病患者のインスリン注射である

注意点 シックデイ（糖尿病患者が感染症などにより体調不良の日）のインスリン投与量に注意

**悪性腫瘍
疼痛管理**

医療用麻薬などを用いて、主に末期がんによる痛みを緩和（ペインコントロール）すること。在宅の場合、飲み薬や舌下錠、坐薬などが使われる

注意点 投与方法は簡単になっても副作用は変わらないため、対応に注意する

**腹膜透析
（人工透析）**

腹腔に透析液を入れることで腹膜を介して余分な水分や老廃物を体外に排出する人工透析の方法。睡眠中に自動的に行う方法と、日中、数回透析液を交換する方法の2つがある

注意点 清潔管理を徹底すること。怠ると、腹膜炎などの感染症になる可能性がある

在宅酸素療法

慢性閉塞性肺疾患などの呼吸器疾患等で酸素不足を起こしている場合に、鼻の下に管（鼻カニューレ）を配置し、酸素投与を行う方法。外出時に使用可能な携帯用酸素ボンベもある

注意点 火気厳禁である。近くで火を使わないこと

人工呼吸療法

自力での呼吸が不安定、もしくはできなくなった場合に用いられ、マスクなどを利用する非侵襲的陽圧換気法と、気管切開を行い、気管カニューレを挿入して行う侵襲的陽圧換気法とがある

注意点 停電時のバックアップ電源の確保など、緊急時対応を確認しておくこと

**胃ろう
（経管栄養法）**

管を使って胃に直接栄養分を注入する方法。胃の中で膨らませた風船で固定するバルーン型、ゴムでできたストッパーで固定するバンパー型などがあり、前者は1カ月ごと、後者は6カ月ごとに交換する必要がある

注意点 注入時と注入後30分〜1時間は逆流防止のため、頭を上げた状態(30〜45°程度)でキープする

📖 **ワンポイント**

在宅医療管理の種類を、
浅く広く理解するのがコツ

在宅医療管理については、範囲は非常に広いですが、浅く広く理解するというスタンスで学習を進めていきましょう。

03 バイタルサインと検査

バイタルサインとは、生命を保持している状態を
示す指標のことです

　人間の生命の（Vital）兆候(Sign)をバイタルサインといいます。私たち
が生きていることを示す兆候はたくさんありますが、その中でも**体温・脈拍・
血圧・呼吸**についてよく問われます。

　体温は、**37℃以上を高体温、34℃以下を低体温**といいます。発熱があ
る場合は感染症を起こしていることがあるため、原因究明が求められますが、
高齢者の場合、**感染症にかかっても発熱しない**ことがあります。

　発熱すると、脈拍は速くなる傾向があります。脈拍は1分間に**100回以
上が頻脈**とされ、**脱水でも頻脈となります**。脱水では全身に水分が足りない
状態となるため、体中で水分が要求され、脈が速くなります。また、1分間
に**60回未満を徐脈**といい、これが続くと全身への酸素供給がうまくいかな
くなるため、**ペースメーカーの導入**が検討されます。

　呼吸数については、1分間に**25回以上が頻呼吸**、1分間に**9回以下が徐
呼吸**とされています。

　高齢者は**高血圧になることが多い**とされています。高齢者の高血圧につい
ては、とくに原因がわからない**本態性高血圧**や、最高血圧だけが高い**収縮期
高血圧**が多いとされています。

「検査数値の低下＝機能低下」ではない

　高齢になると、機能低下が起こるため検査値に変化が見られます。「機能
低下＝数値の低下」ではなく、血圧や血糖値（空腹時血糖値やHbA1c）の
ように、機能低下により数値が上昇するものもあります。

　たとえば、肝機能が低下すると、**AST（GOT）・ALT（GPT）が上昇**し、
腎機能の低下により、**血清クレアチニン値が上昇**します。栄養不足の状態だ
と、**栄養の指標となる血清アルブミン値が低下傾向**となります。

◎ 覚えておきたい4つのバイタルサイン

バイタルサイン	正常値	備考
体温	34～37℃	34℃以下＝低体温 37℃以上＝高体温
脈拍	60～100回／分	60回未満／分＝徐脈 100回以上／分＝頻脈
血圧	最高血圧：130mmHg未満 最低血圧：80mmHg未満	【推奨血圧】※ **前期高齢者**(65歳以上75歳未満) 　130/80mmHg **後期高齢者**(75歳以上) 　140/90mmHg
呼吸	15～20回／分	25回以上／分＝頻呼吸 9回以下／分＝徐呼吸

※日本高血圧学会「高血圧治療ガイドライン2019」より

◎ 出題されやすい「検査値」を知っておこう

検査項目	基準値	検査でわかること	機能低下の場合
AST(GOT)	30 U/L以下	肝機能の状態 心臓・筋肉の疾患	上昇⬆
ALT(GPT)	30 U/L以下	肝機能の状態	上昇⬆
血清 クレアチニン	男：1.0 mg/dL以下 女：0.70 mg/dL以下	腎機能の状態	上昇⬆
血清 アルブミン	3.9 g/dL以上	体の栄養状態	低下⬇
HbA1c （糖化ヘモグロビン）	5.5 %以下	過去1～2カ月の 平均的な血糖レベル	上昇⬆

📖 ワンポイント

バイタルサインや検査値の変動で起こり得る症状や疾患も整理しておく

出題されやすい検査値については、機能低下と数値との関係をまとめておくとよいでしょう。

04 脳・神経の疾患

脳卒中には、大きく脳梗塞と脳出血があります。
神経の疾患には、ALS などがあります

脳で起こる疾患に脳卒中（脳血管障害）があります。これは**脳内の血管が詰まる脳梗塞と、血管が破れる脳出血の大きく2つに分類**されます。いずれの場合でも、脳の細胞にダメージを与えてしまうことで後遺症を引き起こし、状況によっては死に至ることもあります。

脳梗塞には、脳の血管が徐々に詰まっていく**脳血栓**と、心臓などにできた血液のかたまり（血栓）が急に脳に飛び発症する**脳塞栓**があります。また、脳梗塞の前兆として起こる**一過性脳虚血発作**もあります。

一方、**脳出血**は脳内にある細かい血管が破れて出血することで起こります（**脳内出血**）。さらに、脳を覆う3層の膜のうち軟膜とくも膜の間にできた脳動脈瘤が破れて起こる**くも膜下出血**があります。

高齢者に起こりやすい神経の疾患とは？

神経の疾患には、さまざまなものがあります。試験対策としては、高齢者に発症しやすい疾患を押さえておく必要があります。

その1つが、**筋萎縮性側索硬化症**です。これは、通称 ALS と呼ばれる神経系の難病です。神経の変性により徐々に全身の骨格筋が萎縮し、それにより運動神経が障害されます。その反面、一部の運動神経（眼球や指先の動き）などは残存し、また、痛みや熱い・冷たいなどを感じる知覚神経も正常に保たれます。

また、神経の疾患として**パーキンソン病**も高齢者に多く見られます。これは、中脳にある黒質が変性することで、体がスムーズに動かせなくなる神経変性性の疾患です。パーキンソン病の4大運動症状として、**振戦・筋固縮・無動・姿勢・歩行障害**が見られます。

いずれの疾患も、根治的な治療法はなく、対症療法が中心となります。

◎ 脳卒中の種類

脳卒中	**脳の血管が詰まる**		
	脳梗塞	脳血栓	血管が徐々に詰まる
		脳塞栓	心臓などにできた血栓が脳に流れ、血管を詰まらせる
		一過性脳虚血発作	脳梗塞の前兆として起こる
	脳の血管が破れる		
	脳出血	脳内出血	脳内の細かい血管が破れて出血
		くも膜下出血	くも膜の下で出血（動脈瘤の破裂）

◎ 主な神経の疾患

**筋萎縮性
側索硬化症
（ALS）**

ALSでは、眼球運動や知覚
神経は末期まで保たれます

主な症状

● 四肢麻痺　● 呼吸障害
● 嚥下障害

対応法

筋力改善は見込めない。コミュニケーション手段
の確保（文字盤や意思伝達装置を利用する）

**パーキンソン
病**

主な症状

● 振戦 ──────── 安静時に手が震える
● 筋固縮 ─────── 筋肉がスムーズに動かない（歯車現象）
● 無動 ──────── 動作が遅くなる（仮面様顔貌）
● 姿勢・歩行障害── バランスを立て直せない、小股で小刻みに歩行する

対応法

薬物療法を行うが、徐々に効かなくなる。定位脳手術を行うこともある

📖✏️ **ワンポイント**

脳・神経の疾患について、
それぞれの症状や対応法を整理しておこう！

脳の疾患は、梗塞と出血の種別と症状、神経の疾患は、パーキンソ
ン病や筋萎縮性側索硬化症の症状と対応法を整理しましょう。

05 循環器の疾患

循環器とは心臓や血管などのこと。それぞれで
起こりやすい疾患を理解しましょう

　循環器の疾患としてまず心臓の疾患から見ていきましょう。心臓の機能が低下した状態のことを**心不全**といいますが、心不全を引き起こす主な心疾患には、**心筋梗塞**と**狭心症**があります。

　心筋梗塞は、**冠動脈（心筋に血液を送る動脈）が詰まってしまい（梗塞）**、それより先の心筋に酸素や栄養分が行き届かなくなり、細胞が死んでしまうことです。その結果、そのまま命を落とすこともあります。

　狭心症は、**冠動脈が狭くなること（狭窄）**によって、それより先の心筋において酸素や栄養分が不足することです。強い胸痛を生じさせます。運動時に起こる労作性狭心症と、安静時に起こる異型狭心症があります。

　狭心症の場合は、狭窄を解消するための特効薬（ニトロ製剤）があり、発作を鎮めることができます。ただ、この薬は心筋梗塞の危険因子となるため、使用には注意が必要です。

血管の疾患

　加齢に伴い血管の弾力性がなくなっていくと**動脈硬化**が起こりやすくなります。動脈硬化は血圧を上昇させ、脳卒中（116ページ参照）などの発症リスクを高めます。高血圧は顕著な自覚症状が現れないため、**定期的な血圧測定などの管理が必要**です。

　高齢になると脈拍が不規則になる**不整脈**も起こりやすくなります。不整脈でとくに注意が必要なのが**心房細動**です。これは心臓に血栓をつくる原因となり、その血栓が血流にのって脳血管を塞げば**心原性脳塞栓**を生じさせてしまいます。そこで、その予防策として血栓をつくりにくくする**抗凝固薬（ワーファリンなど）**が使用されますが、高い効果が期待できる一方で、血が止まりにくくなるという副作用もあります。

◎ 心筋梗塞と狭心症の違い

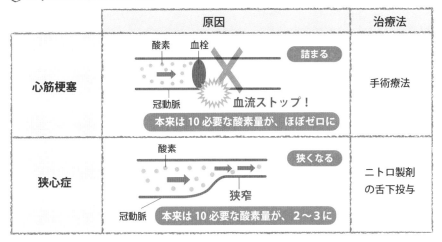

	原因		治療法
心筋梗塞	酸素 血栓 冠動脈 **詰まる** 血流ストップ！ **本来は 10 必要な酸素量が、ほぼゼロに**		手術療法
狭心症	酸素 **狭くなる** 狭窄 冠動脈 **本来は 10 必要な酸素量が、2〜3に**		ニトロ製剤 の舌下投与

◎ 心房細動と心原性脳塞栓

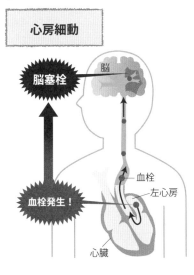

心房細動

脳塞栓

脳

血栓発生！

血栓
左心房

心臓

原因
心臓には左右の心房・心室の4つの部屋があるが、そのうち心房（とくに左）において、異常な電気信号の回路ができることによって起こる

症状
不整脈が起こる。心臓の心房の中に血栓ができた場合、それが血流に乗って脳に飛び、脳の血管を塞ぐこともある

⬇

心原性脳塞栓

予防法
抗凝固薬（ワーファリン）の服用で、血栓の発生を予防する

副作用
血液が止まりにくくなることがある

📖✏ **ワンポイント**

心筋梗塞は「詰まる」、狭心症は「狭くなる」と覚えよう！

心筋梗塞と狭心症の違いを理解しましょう。「心筋梗塞は血管が詰まる」「狭心症は血管が狭くなる」と覚えます。

06 呼吸器の疾患

高齢者にとって「肺炎」は命とりになることも。
加齢に伴い「肺結核」も発症しやすくなります

　呼吸器の疾患は、肺や気管支で引き起こされる疾患で、高齢者に多いのが**肺炎**です。「咳がゴホゴホ出る」「高熱が出る」というのが一般的な肺炎の症状ですが、高齢者の場合は、それらの**典型的な症状が出現しない**ことがあります。そのため、肺炎になっても咳があまり出ず、熱も微熱程度という場合があります。そうなると風邪と判断され、市販の風邪薬を飲んで様子を見るなどの処置がなされます。しかし、肺炎はウイルスや細菌の感染によって起こるため、風邪薬では完治せず、どんどん進行していきます。その結果、肺炎が重症化し、命を落とすこともあります。

　とくに、高齢者に多いのが**誤嚥性肺炎**です。本来は飲食物や唾液を誤嚥（食道ではなく気道に入ること）すると、咳が出て気道からそれらを追い出そうとする（咳反射）のですが、高齢者はその反射が衰え、異物の侵入を許し、その際に細菌も肺に入り込むことで誤嚥性肺炎になってしまうのです。

そのほか、高齢者がかかりやすい呼吸器の疾患

　肺気腫や慢性気管支炎などをまとめて**慢性閉塞性肺疾患**（COPD）と呼びます。これも高齢者にしばしば見られる疾患で、**最大の原因は喫煙**といわれています。主症状は呼吸困難や低酸素血症で、症状が重症化すると、在宅酸素療法（112ページ参照）が導入されることがあります。

　結核菌による**肺結核**も高齢者がかかりやすい疾患です。若い頃は結核菌を保菌していても発症することはほとんどないのですが、免疫力が低下した高齢者では発症しやすく、また、高齢者では症状が乏しいため早期発見が難しくなります。感染が確認されたら抗結核薬で薬物療法を行います。なお、肺結核は2類感染症に分類され、**感染した場合、最寄りの保健所を経由して都道府県知事に届け出る必要があります。**

呼吸器の主な疾患

誤嚥性肺炎

食道

気道

誤嚥した飲食物や唾液が気道を通り肺に到達する

肺に細菌等が入り、炎症が起こる

（原因）
誤嚥によって飲食物や唾液が肺まで到達してしまい、それにより口腔内の細菌などが肺に入り、肺炎が引き起こされる

（症状）
高熱、咳、呼吸困難といった肺炎に特徴的な症状が見られず、微熱や軽い食欲不振、倦怠感といった症状が続くことが多い

（予防法）
口腔ケアなども、誤嚥性肺炎の予防となる

慢性閉塞性肺疾患

肺気腫は、肺の断面がスカスカになった状態をイメージするといいでしょう

（原因）
肺気腫と慢性気管支炎の2つがあり、前者は、肺胞（酸素と二酸化炭素のガス交換を行う場所）が壊れることで、後者は炎症により気道が狭くなることで起こる。ともに喫煙が最大の原因といわれる

（症状）
呼吸困難が起こり、体内の酸素量が不足し、低酸素血症が起こることも

（治療法・対応法）
在宅酸素療法（112ページ参照）

（予防法）
禁煙

肺結核

（注意点）
感染した場合、最寄りの保健所を経由して都道府県知事に届け出る必要あり

（原因）
結核菌への感染。高齢者は、免疫力の低下により発症しやすい

（症状）
長びく咳や痰

（治療法・対応法）
抗結核薬による薬物治療

📖✎ **ワンポイント**

誤嚥性肺炎や慢性閉塞性肺疾患についての出題頻度が高い！

誤嚥性肺炎は、「感染症の予防」の単元でも出題されます。慢性閉塞性肺疾患では、肺気腫について理解しておきましょう。

07 消化器・腎臓・泌尿器の疾患

胃潰瘍や十二指腸潰瘍、腎不全、前立腺肥大症
などが、高齢者に多く見られます

　胃潰瘍や十二指腸潰瘍は、高齢者によく見られる消化器の疾患です。主な原因として、ヘリコバクター・ピロリ菌やストレス、薬の副作用などがいわれています。主症状は上腹部（ヘソより上の部分）の痛みで、**胃潰瘍の場合は食後に、十二指腸潰瘍は空腹時に痛みが悪化**します。

　消化器の疾患は重症化すると出血することがあり、口からの出血である吐血や肛門からの出血である下血が見られます。消化器の疾患の出血の特徴として、下血の場合、真っ黒な便（タール便）として出てくることがあります。一方、大腸などの下部消化管から出血した場合は、鮮血が便に混じることがあります。胃潰瘍や十二指腸潰瘍の治療については、薬物治療が主となります。

　肝炎や肝硬変も消化器の疾患に分類されます。肝炎には、肝炎ウイルスによって引き起こされるＡ型肝炎やＢ型肝炎、Ｃ型肝炎などがあり、**高齢者でもっとも多いのがＣ型肝炎**で、慢性化します。Ｂ型肝炎やＣ型肝炎については、肝硬変や肝がんへ進行することがあります。肝硬変は、肝臓全体が壊死し、線維化してしまう状態のことで、肝移植でしか完治しないといわれています。

腎臓・泌尿器の疾患

　高齢者に多い腎臓の疾患に**腎不全**があります。腎不全が起こると、水分の調整や尿の生成を行うことができず、場合によっては人工透析をしなければなりません。腎不全の食事療法では「**高カロリー・たんぱく質制限**」が行われます。

　泌尿器の疾患としては、男性の場合、尿道周囲に前立腺があり、年齢を重ねるにつれ肥大化（前立腺肥大症）が起こります。その結果、頻尿や尿閉などが起こりますが、前立腺がんとの関係性はありません。

◎ 消化器の疾患

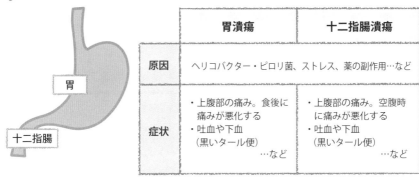

		胃潰瘍	十二指腸潰瘍
	原因	ヘリコバクター・ピロリ菌、ストレス、薬の副作用…など	
	症状	・上腹部の痛み。食後に痛みが悪化する ・吐血や下血（黒いタール便） 　　　　　　　　…など	・上腹部の痛み。空腹時に痛みが悪化する ・吐血や下血（黒いタール便） 　　　　　　　　…など

◎ さまざまな肝炎

ウイルスの種類	感染経路	感染原因	症状	備考
A型肝炎ウイルス	経口感染	魚の生食	急性の場合、全身の倦怠感、食欲不振、吐き気など	慢性化せず、1～2カ月で自然に治る
B型肝炎ウイルス	血液感染…など	輸血や傷口への接触		C型は高い確率で慢性化する(B型ではまれ)。慢性化すると、肝硬変や肝がんへと進行する可能性が高い
C型肝炎ウイルス				

高齢者では、C型肝炎の発症率が高くなります

◎ 糖尿病の3大合併症

合併症	症状
腎症	腎不全から人工透析が必要になる場合がある
神経障害	手や足の神経が障害され、進行すると足の切断等が必要な場合もある
網膜症	失明する危険性がある

📖✏ ワンポイント

胃潰瘍と十二指腸潰瘍の「違い」を理解しておこう！

消化器の疾患としては、胃潰瘍・十二指腸潰瘍が出題されます。「吐血」や「下血」「タール便」などのキーワードも押さえておきましょう。泌尿器では前立腺肥大症の出題頻度が高くなっています。

08 骨・関節・皮膚の疾患

高齢者に多いのが大腿骨頸部骨折。
皮膚の疾患では感染によるものが多く見られます

　高齢者では骨・関節においても機能低下が生じやすくなります。たとえば、**骨粗鬆症**（こつそしょうしょう）はカルシウム不足や女性ホルモンの分泌低下によって起こり、骨折につながることもあります。**変形性関節症**（膝関節や股関節）は、軟骨の摩耗によって痛みを生じます。**脊柱管狭窄症**は神経が通っている脊柱管が狭くなることで神経に刺激を与えてしまい、しびれが出ます。

　高齢者の場合、骨折のリスクが高く、中でも多いのが**大腿骨頸部骨折**です。大腿骨頸部とは骨盤周辺部の骨で、ここを骨折すると寝たきりになる可能性が高いといわれています。そのほか、高齢者に多いのが、**手首の骨折**（橈骨遠位端骨折（とうこつえんいたん））や**肩の骨折**（上腕骨近位端骨折）、**脊椎圧迫骨折**です。脊椎圧迫骨折は、背中が曲がる状態（円背（えんぱい））を引き起こす要因ともなります。なお、圧迫骨折は「ポキッ」と折れるのではなく、骨粗鬆症で弱くなった骨が自分の体重を支えられず「クシャッ」と崩れるイメージです。

感染による皮膚の疾患が多く見られる

　高齢者の皮膚は乾燥して固くなりがちなため、**皮脂欠乏症**（皮膚がカサカサし、かゆみを生じる）や**皮膚掻痒症**（そうよう）（服などとの接触により皮膚が炎症を起こしてしまい、かゆみを生じる）が起こりやすくなります。ただし、これらは疾患ではありません。

　皮膚の疾患としては、ヒゼンダニの寄生によって起こる**疥癬**（かいせん）、カビによって引き起こされる**白癬**（はくせん）や**カンジダ症**、水ぼうそうのウイルス（水痘ウイルス（すいとう））によって起こる**帯状疱疹**などがあります。高齢者はこうした感染による皮膚の疾患にもかかりやすく、**感染の予防**が重要です。

　なお、皮膚の疾患の場合、疾患ごとに対処法は違うので、症状を正しく把握し、適切に対応することが必要となります。

◎ 高齢者で、機能低下や骨折が起こりやすい部位

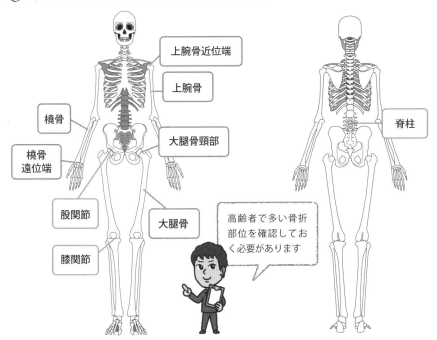

◎ 高齢者がかかりやすい皮膚の疾患

疾患名	原因	特徴	対処法
疥癬	ヒゼンダニ	手や指、腋の下、腹、陰部などに起こる	ノルウェー疥癬の場合、個室管理が必要
白癬(水虫)	白癬菌	足で発生することが多い	爪白癬以外では外用薬を使用
カンジダ症	カンジダ菌	陰部で発生することが多い	外用薬を使用
薬疹	薬	服薬後1〜2週間後に起こることが多い	該当する薬品が特定されたら服薬を中止する
帯状疱疹	水痘ウイルス	水ぶくれ(水疱)が帯状(体の左右どちらか)に出現する	抗ウイルス薬の内服・痛みが出たら受診する

📖✍️ **ワンポイント**

高齢者に多い骨折部位を整理しておこう!

骨折は出題されやすいので、高齢者に多い骨折部位を整理しておくことが大切です。皮膚の疾患は「感染症の予防」の単元でも出題されます。各皮膚疾患の原因をまとめておきましょう。

09 感覚器の疾患

でる度 ★★☆

目や耳は機能低下が起こりやすく、
疾患も発症しやすくなります

　私たちには、視覚、聴覚、触覚、味覚、嗅覚の五感があり、年齢を重ねるごとにそれらの機能は低下していきます。機能低下をとくに顕著に感じられるのが、「目」と「耳」です。

高齢者にはさまざまな目の疾患のリスクがある

　年齢を重ねると「見えにくく」なります。老視（一般的には「老眼」）という症状を呈し、さらに**白内障や緑内障、加齢黄斑変性症**などの疾患を引き起こすことがあります。

　白内障は、**眼内にあるレンズ（水晶体）が白く濁る**ことにより、まぶしさや見えにくさを感じます。現在は日帰り手術などで視力を回復することができます。緑内障は、**眼圧の上昇により、視神経が圧迫され、視野狭窄**などを引き起こします。また、網膜の中心部にある黄斑に萎縮や変性が起こる加齢黄斑変性症もあり、これは、**中心部にゆがみや暗点を呈すこと**（中心暗点）で見えにくさが出現します。また、糖尿病の合併症（糖尿病性網膜症、123ページ参照）で視力に障害が残ることもあります。

感音性難聴と伝音性難聴の違いとは？

　加齢とともに、耳も「聞こえにくく」なります。高齢者で多いのが**感音性難聴**で、これは内耳から聴神経にかけて何らかの異常が生じ、とくに**高音域が聴き取りにくくなる**特徴があります。感音性難聴の場合、原因が内耳や聴神経の異常にあるため、改善はあまり見込めません。

　外耳や中耳に異常が発生した場合に起こるのが**伝音性難聴**です。これは原因を取り除くことで症状が緩和する可能性があります。たとえば、耳アカが詰まった耳垢栓塞（じこう）では通常、耳アカを取り除けば聴き取りやすくなります。

◎ 高齢者に起こりやすい目と耳の疾患

目の疾患

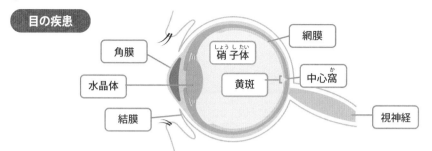

角膜　硝子体（しょうしたい）　網膜　水晶体　黄斑　中心窩（か）　結膜　視神経

疾患名	特徴	中途失明の可能性
白内障	水晶体が白く混濁することでまぶしさを感じたり、物がかすんで見えたりする	手術により視力の回復が可能
緑内障	眼圧が上昇し、視神経が障害を受けることで、視野狭窄などが生じる	あり
加齢黄斑変性症	黄斑部（網膜の中心）に萎縮や変性が起こり、物が歪んで見えたり、中心部が見えなくなったりする	あり

耳の疾患

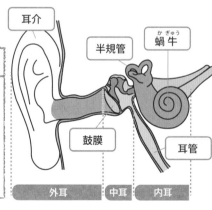

耳介　半規管　蝸牛（かぎゅう）　鼓膜　耳管

外耳　中耳　内耳

伝音性難聴

- 外耳や中耳の異常
- 音を伝える部分に障害が生じる
- 原因を取り除くことで、症状が緩和する

感音性難聴

- 内耳や聴神経の異常
- 音を感じる部分に障害が生じる
- 高齢者に多く、改善はあまり見込めない

📖✍ **ワンポイント**

目の疾患は、中途失明の可能性の有無を整理しておこう！

試験では、目の疾患が出題されやすくなっています。とくに中途失明する可能性がある疾患を理解しておきましょう。

10 感染症の予防

それぞれの感染経路を知ることで、
その予防策も見えてきます

　高齢者は自己免疫力が低下しているため、感染症にかかりやすくなります。予防するためにも、どのような感染経路があるのかを知っておくことは重要です。

　たとえば、インフルエンザやマイコプラズマ肺炎は**飛沫感染**です。一方、結核や水痘、麻疹は**空気感染**です。ともにその**予防法はマスク・うがい・手洗い**です。

　ちなみに、飛沫感染の場合、体から排出されたウイルスなどは下に落ちます。そのため、近距離でしか感染しません。それに対して空気感染は、排出されたら上空をさまようことになるため、その空間にいる人全員に感染する可能性があります。

　疥癬（124ページ参照）やMRSA感染症は**接触感染**です。疥癬はヒゼンダニ、MRSAは黄色ブドウ球菌に触れることで感染します。

　A型肝炎（生魚など）や腸管出血性大腸菌（生肉など）は、その菌・ウイルスを含む水や食物を摂食することで感染する**経口感染**となります。

　接触感染については**感染者の衣服を別に洗濯**するなどし、経口感染についてはその可能性のある**食物に火を通す**などして予防をします。

　なお、ノロウイルス感染症は、空気感染や経口感染、接触感染など多数の感染経路があり、各経路に対応した予防法を行う必要があります。

介護現場では、血液感染のリスクもある

　血液を感染経路とする**血液感染**は、通常の生活では起こりませんが、介護をする際などには注意する必要があります。というのも、傷口などを介して感染する可能性があるからです。B型肝炎やC型肝炎などの利用者には手袋をして対応するなどして感染を予防します。

◎ 感染経路の種類

感染経路	感染方法	予防法	主な感染症
飛沫感染	くしゃみや咳などで飛び散った飛沫を通じて感染する	マスク・うがい・手洗い	インフルエンザ、マイコプラズマ肺炎
空気感染	空気中に飛び出して、さまよう飛沫核を通じて感染する		結核、水痘、麻疹
接触感染	感染者や感染源に直接触れることで感染する	触れないようにする…など	疥癬、帯状疱疹、MRSA感染症
経口感染	感染した飲食物を摂取することで感染する	飲食物に火を通す…など	A型肝炎、腸管出血性大腸菌、ノロウイルス感染症
血液感染	輸血や傷口などへの接触によって感染する	傷口に触れる際には手袋をする…など	B型肝炎、C型肝炎

◎ 感染症の標準予防策（スタンダード・プリコーション）

手洗い	感染源となり得るものに触れた後、手袋を外した後、ほかの患者に接するときなどに、石鹸を使って手洗いを行う
手袋	感染源となり得るものに触れるとき、患者の粘膜や傷のある皮膚に触れるときには、清潔な手袋を着用する。さらに、使用後や、もしくは非汚染物やほかの患者に触れるときには、手袋を外し、石鹸で手洗いをする
マスク・ゴーグル・フェイスマスク	体液や体物質などが飛び散り、目・鼻・口を汚染する恐れのある場合には、マスク、ゴーグル、フェイスマスクを着用する
ガウン	衣服が汚染される恐れのある場合にはガウンを着用する。汚染されたガウンはすぐに脱ぎ、その後、必ず石鹸で手洗いをする
器具	汚染した器具は粘膜や衣服、環境を汚染しないように操作する。再使用するものは、清潔であることを確認する
リネン	汚染されたリネン類は、粘膜、衣服、ほかの患者、環境などを汚染しないように操作し、適切に移送・処理する

ワンポイント

感染経路と標準予防策をしっかり覚えよう！

まず、どのような感染経路があるのかを理解しましょう。感染経路がわかると標準予防策（スタンダード・プリコーション）も理解しやすくなります。また、感染症と感染経路は、セットで覚えると効果的です。

11 認知症高齢者の介護

認知症には、アルツハイマー型や血管性、
レビー小体型など、複数の原因疾患があります

　認知症の定義は、「**意識は保たれているが、脳に後天的な病変が生じる**ことにより、**認知機能が低下**し、**日常生活に支障**をきたした状態」といえます。

　認知症にはいくつかの原因疾患がありますが、高齢者でもっとも多いのが、アルツハイマー病による認知症（**アルツハイマー型認知症**）です。また、脳卒中などによって起こる**血管性認知症**も多くなっています。そのほか、リアルな幻視が特徴的な**レビー小体型認知症**、万引きや理性を失ったような行動をとってしまう**前頭側頭型認知症**（**ピック病**）などもあります。

　認知症の症状は、記憶障害、見当識障害（時間や場所、人物がわからなくなること）、実行機能障害、社会的判断能力の低下などの主症状である**中核症状**と、幻覚や妄想、徘徊や暴言などの**BPSD**（**行動・心理症状**）に分けられます。中核症状は多くの認知症の人に顕著に出現する一方、BPSDは人によって出現の度合いが変わります。また、BPSDは不適切ケアなどによって出現することがあるので、ケアする側には十分な注意が求められます。

認知症の治療の中心は薬物療法

　認知症の検査法には、**改訂長谷川式認知症スケール**と**MMSE**があります。ともに質問紙法で行われ、一定の点数以下であると「認知症の疑い」となります。それらの検査結果と、画像診断や本人の行動などから、医師が認知症という診断を行います。

　認知症の治療の中心は薬物治療です。医学の進歩が著しい現代においても、**認知症を完治させる薬はありません**。進行を遅らせるのが現在の治療での主眼となっています。薬物を使わない方法としては、見当識を高めるために日付や季節などをさりげなく何度も伝えて覚えてもらう**現実見当識訓練**や、自分の過去を思い出して自信を取り戻す**回想法**などがあります。

◎ 認知症の定義とキーワード

認知症の定義	① 意識清明である ② 脳の疾患が原因である ③ 後天的である ④ 日常生活に支障をきたしている

アルツハイマー型認知症	血管性認知症	レビー小体型認知症
キーワード	キーワード	キーワード
・女性に多い ・陽気で多弁 ・取り繕いをする （物盗られ妄想）	・男性に多い ・陰気で緘黙[※]に 　なりやすい ・情動失禁 ※言語能力は正常であるにも かかわらず、押し黙って しまうこと	・パーキンソン症状[※] ・リアルな幻視 ・転倒 ・うつ ・レム睡眠行動障害 ※パーキンソン病で見られる振 戦、筋固縮、無動、姿勢・歩行 障害などの症状が現れること

◎ 認知症の中核症状と BPSD

中核症状

- 記憶障害
- 見当識障害
- 実行機能障害
- 社会的判断能力の低下

自発性低下・不安・うつ状態・暴力・興奮・暴言・幻覚・妄想・徘徊

BPSD

📖✒ **ワンポイント**

認知症の原因疾患について、それぞれの症状を整理しておこう！

出題傾向が高いのは、３大認知症のアルツハイマー型、血管性、レビー小体型の特徴や違い、支援内容などについてです。

12 ケアにおける リハビリテーション

リハビリテーションには、
予防的・治療的・維持的なものがあります

　リハビリテーションは大きく、**予防的、治療的、維持的の3つに分類され**ます。かつてはリハビリテーションといえば、心身が悪くなってから行うものとされてきましたが、近年は、病気やケガを予防するということもリハビリテーションに含めるようになっています。これが**予防的リハビリテーション**です。

　しかし、予防的リハビリテーションを行っていても、病気に罹患してしまう場合があります。かつては、たとえば脳梗塞で倒れてしまった場合、「安静にして動かすな」といわれていましたが、現在は「1分1秒でも早くリハビリテーションを始める」というのが主流です。これは主に廃用症候群（110ページ参照）の予防のためです。こうした発症後から始めるリハビリテーションが**治療的リハビリテーション**です。発症直後にスタートするのが**急性期リハビリテーション**、病状が安定し、社会復帰を目指して行われる機能回復訓練を**回復期リハビリテーション**と呼びます。

退院後も介護保険を活用してリハビリテーションを続ける

　治療的リハビリテーションは主に病院（医療保険）で行われ、状態が安定すると、治療的リハビリテーションは終了し、退院となります。ただ、退院後、リハビリテーションをやめてしまうと、あっという間に元に戻ってしまいます。そこで、介護保険を使って主に居宅や通所リハビリテーション等を利用して現状維持のためのリハビリテーションを行っていきます。これを**維持的（維持期）リハビリテーション**といいます。

　また、病院から退院する際、在宅生活の体制が整っていない場合などは、介護老人保健施設（164ページ参照）に入所し、在宅復帰に向けてリハビリテーションを行いますが、これも維持的リハビリテーションに入ります。

◎ ケアにおける3つのリハビリテーション

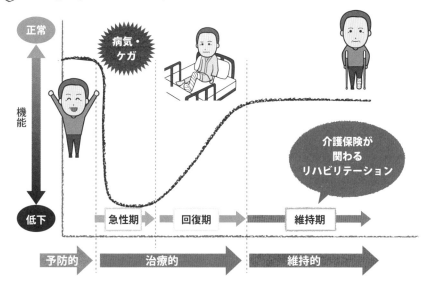

◎ リハビリテーションの専門職の種類

職種名	英語名	職務内容
理学療法士	Physical Therapist（PT）	ADL（日常生活動作）の改善などのために運動療法を行う
作業療法士	Occupational Therapist（OT）	手芸や工作などで応用動作能力などの回復を図る
言語聴覚士	Speech Therapist（ST）	言語や摂食・嚥下の訓練を行う

📖✍ **ワンポイント**

リハビリテーションのプロセスを理解しよう！

「急性期→回復期→維持期」というリハビリテーションが行われるプロセスはしっかり頭に入れておきましょう。介護保険法の事業者・施設においては、維持的(期)リハビリテーションが行われます。

ターミナルケア

終末期の利用者の状態像や
死の前後に関係する用語などを理解しましょう

　死が差し迫った時期をターミナル期（終末期）といいます。具体的には、医師が「病状の改善の見込みがなく、余命いくばくか（何カ月か）」という診断をくだす時期です。その時期に行われるケアを**ターミナルケア**と呼びます。ターミナルケアでは、治療を行うというよりも、**利用者に安心感を持ってもらうような支援が必要**となります。

　ターミナル期には、**食欲減退、体重減少や便秘**などが生じたりします。また、食欲減退や嚥下機能低下により、栄養状態の悪化を引き起こすと、褥瘡(じょくそう)(146ページ参照)ができやすくなったりもします。呼吸状態も悪化すると、**チェーンストークス呼吸**（無呼吸と深呼吸を繰り返す異常な呼吸）などが見られ、死の1～2時間前には、**下顎呼吸**(かがく)（肩で息をするような苦しそうな呼吸)も起こります。血液循環が悪くなることで、手足の先端などが紫色になってくる現象（チアノーゼ）も見られます。意識障害や息切れ、痰が絡んで喉がゴロゴロいうこともあります。ケアする側としては、姿勢を変えたり、背中をさすったりすることで**安心感を与えるような支援が必要**です。

　死の直前になり、意識や言葉がなくなったとしても、**聴覚は最期まで残存する**といわれているため、最期の看取りの際には声かけをするとよいとされています。

亡くなった後のケアにはどのようなものがあるのか？

　死亡の診断は医師または歯科医師が行います（**死亡診断書**または**死体検案書**の作成)。死後、遺体に対して行うケアを**エンゼルケア**といいます。主に医療職が行いますが、体を清潔にしたり外見を整えたりするケアは家族などが行うこともあります。

　また、遺族に対する精神的なケアを**グリーフケア**といいます。

◎ ターミナル期に見られる状態像

	死の数週間～1週間前	数日前	48時間前～直前
食事	食べる量が減少し、錠剤が飲めなくなる	1回にごく少量の食べ物や水を口にするだけになる	食べる・飲むができなくなり、口を濡らす程度になる
意識	1日中うとうと寝ている時間が多くなる	意識が朦朧としてきて、混乱したり、意味不明なことを言ったりする	反応がほとんどなくなり、顔色が土気色に変わっていく
呼吸	息切れや息苦しさを感じたりする	呼吸のリズムが変化し、喉がゴロゴロいうことがある	肩や顎だけを動かす呼吸（下顎呼吸）をする
循環	徐々に血圧が低下し、脈が速くなる	尿の量が減り、色が濃くなる	手足などが紫色になり（チアノーゼ）、冷たくなる。脈が触れなくなる

◎ 亡くなった後のケア

エンゼルケア	死後、遺体に行うケア全般を指す。医療職や家族などが行う
グリーフケア	遺族に対する精神的なケアのこと。医療職や宗教家などによって行われる

📖 ワンポイント

ターミナル期の「状態像」を理解しておこう！

ターミナル（終末期）ケアについての出題は多くはありませんが、ターミナル期の利用者の呼吸状態（下顎呼吸）は特徴的ですので、出題の可能性は高いといえます。また、ターミナルケアに関連して、エンゼルケアやグリーフケアなどの意味も理解しておきましょう。

14 薬の知識

薬の主作用を理解し、かつ副作用や相互作用、
服用時間などを合わせて覚えましょう

　高齢者にとって、治療の一環として薬を服用することは必要不可欠です。しかし、高齢者は**加齢による影響**を受けてしまうため、主作用が出すぎたり、逆に副作用が出すぎたりすることがあります。高齢者に見られる副作用には、**下痢や便秘、眠気、頭痛、吐き気**などがあります。副作用を治療するためにさらに別の薬を服薬することがあってはならないので、副作用が出た場合には**薬剤の変更や中止**を行うこともあります。

　薬剤の組み合わせによっても、効果が出すぎたり、効き目が薄れたりすることなどで主作用が適切に働かないことがあります。これを**薬物相互作用**といいます。

　さらに、薬剤同士だけでなく、**一般的な食品と薬剤が相互作用**を引き起こすこともあります。たとえば、血液を固まりにくくする効果があるワーファリンを、納豆やクロレラと同時に摂取すると、その効果が薄れるといわれています。そのため、薬剤同士だけでなく、一般の食品との組み合わせにも注意が必要です。

薬の服用時間

　薬は、その形状や作用によっていつ服用するかが決まっています。たとえば睡眠導入剤などは就寝前に服用する必要がありますし、消化を助ける薬剤は胃の中に食物が入っている食後に服用する必要があります。**決められた服用時間に飲まないと、効果が薄れたり、副作用が出てしまったりします。**

　また、飲み忘れた場合、原則としてすぐに服薬しますが、次回と合わせて2回分まとめて服薬するようなことは通常しません。利用者に飲み忘れが多く起こっているような場合には、お薬カレンダーの活用など、飲み忘れを防ぐアドバイスをします。

◎ 食品と薬剤の相互作用

食品名	薬剤名	効能	相互作用の内容
納豆・クロレラ	ワーファリン	抗凝固薬	納豆やクロレラから摂取されるビタミンKがワーファリンの持つ血液を固まりにくくする作用を妨げてしまうため、ワーファリンの服用中はビタミンKを含む食品の摂取を控える必要がある
グレープフルーツジュース	カルシウム拮抗薬	降圧薬	グレープフルーツジュースには、左に挙げた薬の代謝を妨げてしまう酵素が含まれている。そのため、これらの薬の肝臓での代謝が遅れて、主作用や副作用が通常よりも強く表れてしまうことがある
グレープフルーツジュース	タクロリムス、シクロスポリン	免疫抑制薬	
グレープフルーツジュース	イトラコナゾール	抗真菌薬	
グレープフルーツジュース	ゲフィチニブ	抗がん薬	
牛乳	エトレチナート	角化症治療薬	牛乳によって、薬剤の体内への吸収量が増加し、効果が必要以上に出てしまうことがある

◎ 薬の服用時間の目安

服用時間	目安
食前	胃の中に食べ物が入っていないとき（食事の1時間～30分前）
食直前	食事のすぐ前（おおむね食前5～10分以内）
食後	胃の中に食べ物が入っているとき（食後30分以内）
食直後	食事を終えてすぐ（おおむね食後5～10分以内）
食間	食事と食事の間（食後2時間頃が目安）。食事中に服用する意味ではない
起床時	起きてすぐ。薬の服用後30分は飲食を避ける
就寝前	就寝30分前頃が目安
頓服	発作時や頭痛時など、必要なときに使用

📖✍ **ワンポイント**

服用時間や、薬や食品との相互作用を整理しよう！

多くの高齢者は複数の薬を服用しています。ケアする側としても、服用時間や、薬や食品との相互作用についての知識が不可欠です。お薬手帳についても理解しておきましょう。

15 介護技術の展開①

食事の介護

「食事」での介護技術のポイントは咀嚼・嚥下。
関連する用語やそのプロセスを理解しましょう

　口腔に食物が入ると、歯などを用いて**かみ砕き**、唾液と混ぜることで**消化をよくし**、嚥下しやすいように**食塊（食べ物の塊）**をつくっていきます。この一連の流れを**咀嚼**といいます。また、咀嚼することで、唾液の分泌を促したり、顎の発達を促進したりする効果もあります。

　食塊は、**飲み込む**ことで胃に運ばれていきます。一般的にこの「飲み込む」という動作を**嚥下**といいます。

　ご存じの通り、喉には２本の管があります。**気道**と**食道**です。前方に気道、後方に食道がありますが、食塊は食道を通らなければ胃に運ばれません。そのため、嚥下をした瞬間、私たちの体内では、無意識のうちに、**喉頭蓋**で気道に蓋をし、食道のみが開いた状態になります。これを**嚥下反射**といいます。

誤嚥を防止するためには？

　この嚥下反射により、通常は気道に食塊は入らないのですが、高齢者の場合、嚥下反射の機能低下により、うまく蓋が閉まらず、食塊が誤って気道に入ることがあります。これが誤嚥です（120ページ参照）。誤嚥をすると、食塊を追い出そうと**咳反射**が起こりますが、高齢者ではこの機能も低下しがちで、咳が出ないためにそもそも誤嚥したことがわからない場合が多くあります。これを**不顕性誤嚥**といいます。これにより、いつの間にか肺炎が重症化して、命を落としてしまうこともあります。

誤嚥の対策や対応

　誤嚥しないために、正しい姿勢（やや前傾であごを引く）で食事を摂ることが必要です。食事の形態にも工夫が必要です（ミキサー食や刻み食など）。また、嚥下困難のある場合、早い段階で変化に気づくことが求められます。

◎ 摂食・嚥下のプロセス

1 先行期 (認知期)

目の前のものを「食物」と認識する時期。視覚・聴覚・触覚など
を通して、形や色、温度、匂い、硬さ、一口で食べられる量など
を判断する

2 準備期

食物を口腔内で咀嚼する時期。口に入れた食物を歯でかみ砕き、
唾液と混ぜながら食塊をつくり、飲み込む準備をする

3 口腔期

舌を使って、食塊を口腔から咽頭（喉）へ送り込む時期。舌を口の
上の口蓋に当てて、喉へと送り込んでいく。頬や唇も使う

4 咽頭期

食塊を、咽頭を通って食道入口に送り込む時期。嚥下反射により
喉頭蓋で気道が塞がれ、食道のみが開いた状態になる

5 食道期

食道に入った食塊が胃へと運ばれる時期。食道の蠕動運動により食塊は胃
へと送られる。同時に、食道の入口の筋肉が収縮し、食塊の逆流を防ぐ

◎ 咀嚼・嚥下で必ず覚えておきたい用語

咀嚼	口腔に入った食物を消化吸収しやすくするためにかみ砕くこと
嚥下	咀嚼した食物などを飲み込むこと
誤嚥	本来食道に入るべき食物などが、間違って気道に入ってしまうこと
嚥下反射	食物などを飲み込んだ瞬間、喉頭蓋が反応し、気道に蓋をすること
咳反射	誤嚥した際、気道に入った異物を咳で押し出そうとすること

ワンポイント

「嚥下」のメカニズムの理解は必須。
咀嚼・嚥下に関する用語もチェックしよう！

食事の介護技術でのポイントは「嚥下」です。そのメカニズムを理解
し、「誤嚥」「嚥下反射」などの言葉も理解しておきましょう。

排泄の介護

高齢者に起こりやすい尿失禁。
タイプごとの原因とその対策を理解しましょう

　高齢者は機能低下のため、尿失禁が起こりやすくなります。

　たとえば、排尿に関わる膀胱括約筋の筋力低下によって、排尿を我慢できなくなってしまい漏れてしまう**切迫性尿失禁**や、前立腺肥大（122ページ参照）によって尿道が圧迫され、尿がダラダラと漏れてしまう**溢流性尿失禁**、尿意はあるものの、適切な排尿行為が行えない**機能性尿失禁**などがあります。

　機能性尿失禁は、手足のマヒや認知症のある人に見られます。たとえば、手足のマヒが見られる場合、トイレまで行くことはできるのですが、手のマヒによってズボンが下ろせない、ベルトが外せないなどによって尿が漏れてしまいます。認知症の人の場合、尿意を催してもトイレの場所がわからず、探しているうちに漏らしてしまうこともあります。

　また、咳やくしゃみ、重い荷物を持つなど、急にお腹に力が入ったときに尿がちょっと漏れてしまう**腹圧性尿失禁**というのもありますが、これは高齢者というよりも、尿道が短い**女性に多い**といわれます。

　そのほか、脊髄損傷などで神経障害があることによって、自らの意思で尿を出すことができない**神経因性膀胱**や、1日10回以上頻繁にトイレに行くなどの**頻尿**も排尿障害の1つとして考えられています。

尿失禁のタイプに沿って、対策を立てていく

　尿失禁については、原因がそれぞれ違うため、ケアにおいては対応も異なります。たとえば、切迫性尿失禁であれば、**膀胱トレーニングを行う**、溢流性尿失禁であれば**残尿をなくす**、機能性尿失禁ならば**環境調整を行う**といった対応になります。

　いずれにせよ、尿意の有無やトイレの形状、排尿頻度などを適切に把握して、利用者一人ひとりに対応していきます。

◎ 尿失禁のタイプとその対策法

切迫性尿失禁

膀胱括約筋の筋力低下により、
排尿を我慢できなくなり、
漏れてしまう尿失禁

キーワード

我慢できない

対応策

膀胱トレーニング

溢流性尿失禁

前立腺肥大によって尿道が圧迫
され、尿がダラダラと漏れて
しまう尿失禁

キーワード

前立腺肥大

対応策

前立腺肥大症の治療等

機能性尿失禁

手足のマヒや認知症により、尿意
があっても、適切な排尿行為が
行えない尿失禁

キーワード

手足のマヒ、
認知症

対応策

生活環境の調整

腹圧性尿失禁

咳やくしゃみ、重い荷物を持つな
ど、急にお腹に力が入ったときに
尿がちょっと漏れてしまう尿失禁

キーワード

咳、くしゃみ

対応策

骨盤底筋トレーニング

ワンポイント

切迫性、溢流性、機能性の３つの尿失禁は、必須暗記項目！

排泄の介護技術での出題ポイントは「失禁」です。高齢者に多い失禁
の３つのタイプ（切迫性・溢流性・機能性）は、原因や対策も含め、
必ず覚えておくようにしましょう。

でる度 ★★☆

清潔・入浴の介護と口腔ケア

入浴や口腔ケアに関連して
清潔の３つの意義を理解しましょう

　私たちが清潔を保つことにはいろいろな意義があります。ここで、入浴を１つの例に「清潔」の意義について考えてみましょう。

　まずは、入浴の習慣を持つということには、汚れを取り除いて清潔にすることで体を保護し、健康を維持できるという**生理的な意義**があります。また、温泉や銭湯に行けばリラックス効果が得られます。これは**心理的な意義**といえます。心理的な意義は入浴に限らず、清潔さを保つことそのものが気持ちを爽快な状態にし、心身の健康につながります。

　そして、入浴には**社会的な意義**もあります。たとえば、１週間入浴できなかったらどうでしょう。多くの人は自分の体臭などが気になり、周囲から不潔だと思われるのを恐れて、外出を控えてしまったりするのではないでしょうか。つまり、社会活動に後ろ向きになってしまう可能性があるのです。こうした状態が続けば、社会生活もままならなくなってしまいます。その意味で、清潔でいるということは、社会生活を維持するうえでも重要なのです。

　清潔・入浴の介護にはこうした意義があるのだということを、つねに意識することが大切です。

口腔ケアの意義

　清潔に関する介護技術の１つに、**口腔ケア**があります。これは、**口腔内を清潔にする**ために行います。たとえば、「食事をしたあとに歯を磨く」というのは、口腔内の細菌を取り除き、虫歯予防を行うことになります。また、高齢者の場合、**誤嚥性肺炎（120 ページ参照）の予防**にもなります。

　経管栄養（112 ページ参照）をしている場合、口から食事をしないため、口腔ケアは不要と思うかもしれませんが、食事をしなくても口腔内は不潔になりやすいため、口腔ケアはやはり必要です。

◎ 清潔の意義

	意義
生理的な意義	体を清潔にし、体調を整える
心理的な意義	リラックスし、日常生活への意欲を高める
社会的な意義	体臭などを除去し、人間関係を円滑にする

この３つの意義は、必ず覚えましょう

◎ 入浴と清拭のメリット・デメリット

	メリット	デメリット
入浴	リラックス効果が高い	全身浴の場合、心臓に負担がかかる
清拭	ベッド上で行うことができる	爽快感に欠けることがある

◎ 口腔ケアの目的と効果

口腔の役割	①咀嚼　②嚥下　③発音　④呼吸
口腔ケアの目的と効果	【目的】 口腔内の細菌を除去する 【効果】 ①虫歯や歯周病の予防 ②口臭の予防 ③唾液分泌の促進 ④誤嚥性肺炎の予防

📖✏ **ワンポイント**

試験頻出の「口腔ケア」は、
目的や効果をしっかり押さえておく！

ケアマネ試験において、口腔ケアは頻出です。口腔ケアの真の目的や効果を理解しておきましょう。清潔・入浴については、３つの意義（生理的・心理的・社会的）を理解しておき、入浴と清拭の効果の違いについて説明できればよいでしょう。

18 介護技術の展開④

睡眠の介護

でる度 ★☆☆

睡眠障害の種類を知り、
原因や、その取り除き方も理解しましょう

　私たちの体は、日中活動し、夜間は眠るというメカニズムになっています。夕刻から夜間になると睡眠ホルモンと呼ばれるメラトニンが放出され、眠気を引き起こし睡眠に入ります。また、明け方にはメラトニンの放出が止まり、目覚めるというサイクルが続きます。

　その睡眠のサイクルがさまざまな要因によって崩れることがあります。それを**睡眠障害**と呼んでいます。

　高齢者は睡眠が浅くなるといわれますが、高齢者の睡眠障害をそれだけで片付けることはできません。高齢者の睡眠では、布団に入ってもすぐに寝つけない（30分～1時間以上）という**入眠困難**、入眠しても途中で目が覚めてしまう**中途覚醒**、早朝に目が覚めてしまう**早朝覚醒**などが見られます。

　高齢者に限らず睡眠障害の原因は多岐にわたります。たとえば、痛みやかゆみ、咳などで眠れなくなる**身体的要因**、ストレスや緊張などで眠れなくなる**心理的要因**、深夜の音や早朝の太陽の光などで目覚めてしまう**物理的要因**、薬物の副作用などで日中に眠り、夜間に眠れなくなる**薬学的要因**などです。

睡眠障害への対応

　介護においては、睡眠障害に陥っている利用者への対応が求められますが、どう対応するかは原因ごとに異なります。そのため、まずは何が睡眠障害を引き起こしているのかを明らかにする必要があります。

　たとえば緊張状態（交感神経優位）が続いていることで入眠困難が起こっているのであれば、リラックス状態（副交感神経優位）をつくるために**ぬるめの風呂に入る**などが効果的です。深夜に音がして目が覚めてしまうのであれば、**音が聞こえにくい場所への居室変更を行う**、早朝の太陽の光で目覚めてしまうならば、**遮光カーテンの導入**などの対応策を検討します。

◎ 高齢者に起こりやすい**睡眠障害**

入眠困難	布団に入ってもなかなか寝つけない （30分〜1時間以上）
中途覚醒	途中で目覚めてしまう
早朝覚醒	朝早くに目覚めてしまう

◎ **睡眠障害の原因**

身体的要因	痛みやかゆみ、咳などによって眠れない 〈対応策〉 ・痛みやかゆみ、咳などの原因を取り除く処置を行う
心理的要因	ストレスや緊張などが強くて眠れない 〈対応策〉 ・ぬるめの風呂に入るなどして、リラックスできるようにする
物理的要因	深夜の音や早朝の太陽の光などで起きてしまう 〈対応策〉 ・音が聞こえにくい場所への居室変更を行う ・遮光カーテンにして、朝日が部屋に差し込まないようにする
薬学的要因	薬剤の副作用などで、日中に激しい眠気がある一方、夜になると眠れなくなる 〈対応策〉 ・医師や薬剤師と相談し、薬剤の内容や服用時間の変更などを考慮する

こうした対応策についての知識を
増やせば、現場でも活かせます

📖 **ワンポイント**

睡眠障害のさまざまな原因を理解し、
具体的な対応策の知識を増やしていこう！

睡眠の介護技術を理解するためには、高齢者に起こり得る睡眠障害
（入眠困難・中途覚醒・早朝覚醒）を理解しましょう。

19 介護技術の展開⑤

褥瘡の介護

でる度 ★★☆

褥瘡とは「床ずれ」のこと。
起こりやすい部位や対応策を理解しましょう

　褥瘡（じょくそう）とは、**圧迫や摩擦、皮膚の湿潤や不潔**などにより、**発赤やただれな（ほっせき）どができてしまう症状**です。寝返りを自分ですることができない場合などに、一部分に圧力が与えられること（圧迫摩擦）によってできるケースが多いようです。こうした**局所的要因**に加え、全身衰弱や栄養状態の悪化、感覚障害などの**全身的要因**によっても起こります。

　褥瘡は体圧（接触圧）が一点に強くかかる部位にできやすいといわれます。つまり、**骨の出っ張っている場所**です。

　たとえば、仰臥位（ぎょうがい）（仰向け）になった場合は、後頭部、肩甲骨部、**仙骨部（腰）**、臀部、踵骨部（しょうこつ）（かかと）などが挙げられます。側臥位（そくがい）（横向き）であれば、肩鎖関節部（けんさ）、**大腿骨大転子部**、足関節外果部（がいか）（外くるぶし）などにできやすいとされています。

　褥瘡は数時間でできてしまうこともあり、つねに皮膚観察を行うことが重要です。重症化すると、**菌血症や敗血症**などに進行することがあるため、介護や看護をする人は利用者の重症化をなんとしても防がなければなりません。

褥瘡への対応

　褥瘡への対応としては、まず**体圧除去**に取り組む必要があります。具体的には、**定期的な体位変換**を行う、**褥瘡予防マット（エアマットなど）の活用**などです（ただし、褥瘡予防マットを活用しても、体圧除去のための体位変換は継続して行う必要があります）。体位変換について、家族介護者の負担等が大きい場合は、自動体位変換器などの導入も検討します。

　また、**栄養状態の改善**や、**湿潤状態や不潔状態（おむつ内など）の改善**なども積極的に行っていきます。

◎ 褥瘡の原因と対策

	原因	対策
全身性要因	・やせていること ・低栄養	・栄養補給
局所性要因	・体圧（接触圧） ・湿潤 ・不潔	・体位変換 ・褥瘡予防用具 ・おむつ交換

◎ 褥瘡の起こりやすい部位

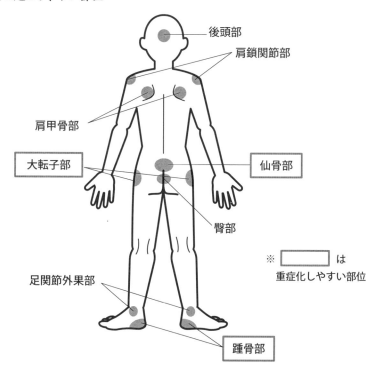

後頭部

肩鎖関節部

肩甲骨部

大転子部

仙骨部

臀部

※ □ は
重症化しやすい部位

足関節外果部

踵骨部

ワンポイント

**褥瘡の要因とできやすい場所を
しっかり押さえておこう！**

褥瘡のできやすい部位（骨が出ている部分）についても問われること
があります。具体的な部位を確認しておきましょう。

20 訪問看護

看護師が利用者の自宅を訪問し、
診療の補助や療養上の世話などを行います

　訪問看護とは、看護師が居宅を訪問し、診療の補助（バイタルチェックや薬剤管理など）、療養上の世話（食事、排泄、入浴の援助など）をはじめ、精神的支援や家族支援、在宅での看取りの支援（ターミナルケア）などを行うことです。訪問看護事業者の指定には、①**病院・診療所**パターンと②**訪問看護ステーション**パターンの2つがあります。

人員基準は？

　病院・診療所が訪問看護事業者の場合、**看護職員**（看護師・准看護師・保健師のいずれかの資格を有する者）を適当数配置する必要があります。一方、訪問看護ステーションの場合、原則、**看護師または保健師である管理者**を常勤専従で配置しなければなりません。さらに、看護職員を常勤換算（事業所での常勤の労働時間・1週間を基準とした数え方）で2.5名以上配置し、**理学療法士・作業療法士・言語聴覚士**を実情に応じて適当数配置します（つまり、「とくに必要なければ配置しなくてもよい」ということです）。

運営基準は？

　訪問看護事業者は、訪問看護の提供にあたって、必ず主治の医師（以下、主治医）による指示を文書で受ける必要があります（**訪問看護指示書**）。また、主治医に**訪問看護計画書**と**訪問看護報告書**（ともに、准看護師以外の看護職員が作成）を提出しなければなりません。このように主治医との連携に努めることが求められます。急性増悪や退院直後などの場合には、**特別訪問看護指示書**が交付され、その日より14日間は介護保険の訪問看護を使うことができず、代わりに**医療保険の訪問看護を利用**します。特別訪問看護指示書の交付は原則1カ月に1回となっています。

◎ **訪問看護の2つのパターン**

①病院・診療所パターン	②訪問看護ステーションパターン

病院・診療所

病院等から訪問看護師が利用者宅を訪問する

訪問看護
ステーション

病院とは別の場所に事業所を構え、
そこから訪問看護師が利用者宅を訪問する

◎ **訪問看護事業者の基準**

病院・診療所	人員基準	職種	人数
		看護師・准看護師・保健師	適当数

訪問看護ステーション	人員基準	職種	人数等
		管理者（看護師・保健師）	常勤
		看護師・准看護師・保健師	2.5名
		理学療法士・作業療法士・言語聴覚士	適当数

共通	運営基準	・訪問看護計画書の作成 ・訪問看護指示書を文書で受け取る ・同居家族に対する訪問看護の禁止

◎ **医療保険と介護保険の訪問看護の対象者**

医療保険
- 40歳未満の者、および40歳以上の要支援者・要介護者でない者で、居宅において継続して療養を受ける状態にあり、通院が困難な者
- 下記の要支援者・要介護者
  ・末期がんや、厚生労働大臣が定める難病の者
  ・特別訪問看護指示書の交付を受けた者（14日間有効）。原則1カ月に1回

介護保険
- 居宅要介護者・要支援者
- 特定疾病の居宅要介護者・要支援者（40歳以上65歳未満）
  ※要支援者の場合は、介護予防訪問看護

ワンポイント

人員基準と運営基準、サービス内容を整理するのがポイント

訪問看護は頻出の項目となっています。人員基準と運営基準を整理し、訪問看護で行う内容について、具体的に覚えておきましょう。

21 訪問リハビリテーション

理学療法士などのリハビリ専門職が訪問し、
維持的リハビリテーションを行います

　訪問リハビリテーションとは、医師の指示のもとにリハビリ専門職（理学療法士・作業療法士・言語聴覚士）が自宅を訪問し、心身の維持・回復を目指して維持的リハビリテーション（132ページ参照）を実施することです。具体的には、基本動作能力の維持・回復、ADL（日常生活動作）やIADL（手段的日常生活動作）の維持・回復、介護負担の軽減などを行います。

　事業者としては、**病院、診療所、介護老人保健施設、介護医療院のみが指定**を受けることができます。病院と診療所については、みなし指定（67ページ参照）となりますので、都道府県知事に対する指定申請は不要です。

人員基準は？

　病院・診療所・介護老人保健施設・介護医療院に、**専任の常勤医師**を1名以上、**理学療法士・作業療法士・言語聴覚士**のいずれかを1名以上配置することになっています。

運営基準は？

　訪問リハビリテーション事業者は、医師およびリハビリ専門職によって**訪問リハビリテーション計画**を作成します。また、**リハビリテーション会議**（利用者・家族・医師・リハビリ専門職・ケアマネなどが参加する、リハビリテーションに特化した会議）の開催により、利用者に対し、適切なサービスを提供することが求められます。さらに、サービス提供後は、その実施状況と評価を記録した**診療記録**を作成し、医師に報告します。

◎ 訪問リハビリテーションとは?

病院・診療所
介護老人保健施設
介護医療院

リハビリ専門職

要介護者　自宅

※介護予防訪問リハビリテーション
　の場合は、要支援者

サービス 内容	①廃用症候群の予防と改善 ②基本動作能力の維持・回復 ③ADL・IADLの維持・回復 ④対人・社会交流の維持・拡大 ⑤介護負担の軽減 ⑥訪問介護事業所への自立支援技術の助言・指導 ⑦福祉用具利用・住宅改修に関する助言・指導

◎「みなし指定」の有無

	みなし指定	指定申請
病院	○	不要
診療所		
介護老人保健施設	×	必要
介護医療院		

通所リハビリテーション（154ページ参照）との違いを理解しましょう

◎ 訪問リハビリテーションの主な基準

人員基準	職種	人数、資格要件等
	従業員	医師1名以上、理学療法士等のいずれか1名以上

運営基準	・訪問リハビリテーション計画の作成 ・リハビリテーション会議の開催（テレビ電話等でも可能） ・診療記録の作成、ならびに医師への報告

📖 ワンポイント

リハビリテーションの内容が問われることも!

人員基準や運営基準のほかに、リハビリテーションの内容が問われることがありますので、「ケアにおけるリハビリテーション」（132ページ参照）と合わせて学んでおきましょう。

22 居宅療養管理指導

医師や歯科医師、薬剤師、管理栄養士などが
自宅を訪問して医学的な管理・指導を行います

　居宅療養管理指導は、**通院が困難な利用者の居宅を訪問**し、**居宅における医学的管理と指導**を行うことです。たとえば、医師や歯科医師は、居宅介護支援事業者や居宅サービス事業者に対する情報提供や、利用者またはその家族に対する介護方法等についての指導・助言等を行います。薬剤師は、医師または歯科医師の指示に基づいて、薬学的管理および指導などを行います。また、**管理栄養士**は、他職種と共同して栄養ケア計画を作成し、栄養管理を行います。

　居宅療養管理指導の事業は、**病院、診療所、薬局がみなし指定**（67ページ参照）として行います。

人員基準は？

　病院と診療所については、**医師、歯科医師、歯科衛生士、管理栄養士、薬剤師**を適当数配置するとされています。また、歯科衛生士が行う居宅療養管理指導に相当するものを行う**保健師・看護師・准看護師**についても適当数配置されることがあります。さらに、薬局では**薬剤師**を適当数配置します。

運営基準は？

　医師と歯科医師は、原則、サービス担当者会議（102ページ参照）に参加し、情報提供を行うことになっています。サービス担当者会議に参加できない場合でも、居宅介護支援事業者や居宅サービス事業者に対して、情報提供または助言の内容について文書を交付する必要があります。

　また、薬剤師や歯科衛生士、管理栄養士は、**医師・歯科医師の指示に基づき**、利用者の心身機能の維持・回復を図り、居宅における日常生活の自立に資するような管理・指導などを妥当かつ適切に行うことが求められます。

◎ 居宅療養管理指導とは?

| 医師 |
| 歯科医師 |
| 歯科衛生士
(看護師等) |
| 管理栄養士 |
| 薬剤師 |

自宅

通院が困難な要介護者

※介護予防居宅療養管理指導
　の場合は、要支援者

◎ 居宅療養管理指導のサービス内容と人員基準

	サービス内容
医師・ 歯科医師	・居宅介護支援事業所または居宅サービス事業者に対する、居宅サービス計画（ケアプラン）の作成や、居宅サービスの提供等に必要な情報の提供 ・利用者またはその家族に対する、居宅サービスの利用に関する留意事項、介護方法についての指導・助言等 ・提供した居宅療養管理指導の内容についての、速やかな診療録への記録
歯科衛生士	・訪問歯科診療を行った歯科医師の指示および歯科医師の策定した訪問指導計画に基づいて実施される口腔内の掃除、または有床義歯の清掃に関する指導
管理栄養士	・計画的な医学的管理を行っている医師の指示に基づいて実施される栄養指導 ・他職種と共同して栄養ケア計画を作成。これに従った栄養管理
薬剤師 病院・診療所	・医師または歯科医師の指示に基づいて実施される薬学的管理および指導
薬剤師 薬局	・医師または歯科医師の指示に基づき策定される薬学的管理指導計画に基づいて実施される薬学的管理および指導

病院・診療所	人員基準	職種	人数
		医師、歯科医師、薬剤師、歯科衛生士または管理栄養士	適当数

📖 ✏️ **ワンポイント**

「誰」がどんなサービスを提供するのかを押さえておこう!

居宅療養管理指導では、誰が携わるのか（人員基準）が問われます。それぞれのサービス内容と合わせて整理しましょう。

23 通所リハビリテーション

医師やリハビリ専門職などが行う、
リハビリテーションです

　通所リハビリテーションは、心身の機能の維持・回復などを目的として行われます（維持的リハビリテーション。132ページ参照）。扱うのが「心身の機能」なので、**認知症の症状に対するリハビリテーション**も行います。具体的には、中核症状やBPSD（130ページ参照）の症状の軽減や、日常生活を落ち着いて過ごすことができるような支援を個別に提供します。

　また、通所してもらうことで、コミュニケーション能力や社会関係能力の維持・回復や、社会交流の機会の増加といった効果も期待できます。通所リハビリテーションの役割は、私たちが想像するよりも多岐にわたるのです。

　指定が受けられるのは、**病院、診療所、介護老人保健施設、介護医療院のみ**です。基本的には**みなし指定**（67ページ参照）となるため、都道府県知事に対する指定申請は不要です。

人員基準は？

　まず、**医師**を配置しなければなりません。また、リハビリテーションを行いますので、**リハビリ専門職**（150ページ参照。なお、診療所の場合は、通所リハビリテーションもしくはこれに類するサービスに1年以上従事した経験のある看護師でもOK）を配置する必要があります。さらに、利用者の人数に応じて、**看護師や准看護師、介護職員**を配置します。

運営基準は？

　医師およびリハビリ専門職等の従業者は、利用者の心身の状況を把握したうえで、**通所リハビリテーション計画**を共同で作成しなければなりません。また、サービス提供後は、その実施状況と評価を記録した**診療記録**を作成する必要があります。

◎ 通所リハビリテーションとは？

病院・診療所
介護老人保健施設
介護医療院

要介護者

※介護予防通所リハビリテーション
の場合は、要支援者

自宅

サービス内容	①心身の機能の維持・回復 ②認知症の症状の軽減と落ち着きある日常生活の回復 ③ADL・IADLの維持・回復 ④コミュニケーション能力や、社会関係能力の維持・回復 ⑤社会交流の機会の増加

◎「みなし指定」の有無

訪問リハビリテーション（150ページ参照）との違いを理解しましょう

	みなし指定	指定申請
病院		
診療所	○	不要
介護老人保健施設		
介護医療院		

◎ 通所リハビリテーションの運営基準

運営基準	・医師およびリハビリ専門職が、共同で通所リハビリテーション計画を作成する ・サービス提供後、リハビリ専門職による診療記録の作成

ワンポイント

運営基準について、「通所介護」とセットで覚えると効率的！

提供するサービスは、リハビリテーションが主となりますが、運営基準は福祉サービスの通所介護（200ページ参照）と似ている部分があります。セットで覚えると効率的です。

24 短期入所療養介護

利用者は病院、診療所、介護老人保健施設等に
短期入所し、医学的管理を受けます

短期入所療養介護は、病院、診療所、介護老人保健施設、介護医療院、介護療養型医療施設に短期間入所した医療ニーズが高い利用者への**医学的管理**や、**家族の介護負担軽減**などを目的として行われるサービスです。

利用者の疾病に関する医学的管理を行うため、状況によってはその入所中に、装着された医療機器の調整・交換などを行います。また、リハビリテーションや認知症利用者への対応も行いますし、ターミナルケアも行います。

事業者である介護老人保健施設、介護医療院、介護療養型医療施設、一部の病院や診療所（療養病床のある病院や診療所）については、みなし指定（67ページ参照）となります。

人員基準は？

短期入所療養介護を行うことができるのは、上記に挙げた5つの施設に限定されています。そのため、とくに人員基準は定められておらず、「それぞれの施設の基準を満たしていることでよい」とされています。これは、「これらの施設には、当然医師や看護師、リハビリ専門職等が配置されているだろう」という考えに基づいています。

運営基準は？

管理者は、利用者に対して**短期入所療養介護計画**を作成しなければなりません。この場合の「利用者」とは、おおむね4日以上の利用期間が予定されている者で、すべての利用者について作成するのではありません。この点はほかの居宅サービスの事業者と違うところです。また、難病の中重度者や末期がんの要介護者を対象とした**日帰りサービス**（**特定短期入所療養介護**）もあります。

◎ 短期入所療養介護とは?

病院・診療所
介護老人保健施設
介護医院
介護療養型医療施設

短期間入所 ←（日帰りサービスもあり）

医療的なニーズが高い
要介護者

※単身者でもOK
※介護予防短期入所療養
　介護の場合、要支援者

サービス内容

①疾病に対する医学的管理
②装着された医療機器の調整・交換
③リハビリテーション
④認知症患者への対応
⑤緊急時の受入れ
⑥急変時の対応
⑦ターミナルケア

◎「みなし指定」の有無

療養病床のない病院・診療所は指定申請が必要になります

	みなし指定	指定申請
病院（療養病床あり）		
診療所（療養病床あり）		
介護老人保健施設	○	不要
介護医院		
介護療養型医療施設		

◎ 短期入所療養介護の運営基準

運営基準	・管理者は利用者に対して、短期入所療養介護計画を作成 （おおむね4日以上の利用期間が予定される利用者が対象） ・中重度者（難病）や末期がんの要介護者を対象とした日帰りサービスの実施（特定短期入所療養介護）

📖 ワンポイント

要支援者が対象の場合は「介護予防短期入所療養介護」に

短期入所療養介護の対象者は重度と思われがちですが、要支援者が対象となる介護予防短期入所療養介護もあります。

定期巡回・随時対応型訪問介護看護

定期巡回・随時対応・随時訪問・訪問看護の
4つのサービスがあります

定期巡回・随時対応型訪問介護看護は、24時間体制で看護師や訪問介護員が定期的に巡回したり、必要時に訪問したり、緊急時に対応したりなど、利用者の在宅生活を支援していくサービスです。具体的には、①訪問介護員等が利用者の居宅を巡回して行う**定期巡回サービス**、②利用者や家族の通報を随時受ける**随時対応サービス**、③それに基づき必要があれば訪問する**随時訪問サービス**、④看護師等が医師の指示に基づき行う**訪問看護サービス**の4つがあります。訪問看護サービスには、その事業所ですべて行う**一体型**と、近くの訪問看護事業者と連携して行う**連携型**とがあります。

人員基準は？

通報に対応するため**オペレーター**を1名以上配置する必要があります。また、専従で1名以上の**訪問介護員**を配置し、定期巡回・随時対応型訪問介護看護計画を作成する**計画作成責任者**を1名以上配置します。一体型の事業所については、訪問看護サービスを行う**看護職員**（148ページ参照）を常勤換算（148ページ参照）で2.5名以上配置する必要があります。

運営基準は？

利用者には、随時対応サービス等のために、通信用の端末（ケアコール端末）を配布します（携帯電話等で対応できる場合は配布の必要はありません）。

計画作成責任者は、**定期巡回・随時対応型訪問介護看護計画**を作成します。サービス提供の日時等は、居宅サービス計画の内容にかかわらず、計画作成責任者が決定できます。また、**介護・医療連携推進会議**を設置し、おおむね**6カ月に1回以上**サービスの提供状況等を報告します。なお、この会議は、一定の条件を満たせば、複数の事業所による合同開催が可能となっています。

◎ 定期巡回・随時対応型訪問介護看護のイメージ

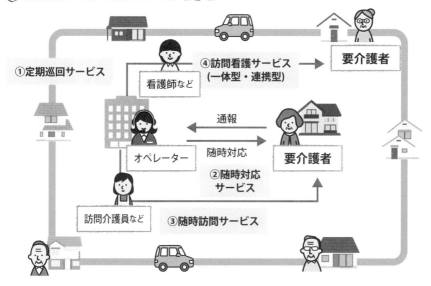

◎ 定期巡回・随時対応型訪問介護看護の主な基準

	職種	人数、資格要件等
人員基準	オペレーター	1名以上、看護師、介護福祉士、医師、保健師、准看護師、社会福祉士、介護支援専門員など
	訪問介護員等	1名以上
	看護師等	2.5名以上、保健師、看護師、准看護師
	計画作成責任者	1名以上、看護師、介護福祉士、医師、保健師、准看護師、社会福祉士、介護支援専門員など

運営基準	・利用者への通信用の端末の配布（利用者の携帯電話でも対応可） ・定期巡回・随時対応型訪問介護看護計画の作成 ・介護・医療連携推進会議の設置・開催

✏ ワンポイント

4つのサービスの理解がポイント！

4つのサービスについて、大まかにイメージができるようにしましょう。運営基準では、「介護・医療連携推進会議の設置・開催」をきちんと覚えておきましょう。

26 看護小規模多機能型居宅介護

医療的ニーズの高い利用者に、
通い・宿泊・訪問のサービスを一体的に提供

　看護小規模多機能型居宅介護は複合型サービスの１つで、訪問看護（148ページ参照）と小規模多機能型居宅介護（214ページ参照）が組み合わされて提供されます。具体的には、日中に事業所へ通う**通い**サービス、事業所に短期間宿泊する**宿泊**サービス、利用者宅を訪問する**訪問**サービス、医師の指示のもと訪問看護を行う**訪問看護**サービスがあります。利用者は登録してこれらのサービスを受けますが、登録定員は29名以下（本体と密接に連携してサービス提供を行う「サテライト型」では18名以下）となっています。

人員基準は？

　管理者を１名配置します。管理者の要件としては、**保健師もしくは看護師、または３年以上認知症高齢者の介護に従事した経験があり、厚生労働大臣が定める研修を修了している者**です。また、**介護支援専門員**を１名以上配置し、従業者を一定数配置する必要があります。宿泊サービスの利用者がいない場合などは、そのための従業者を配置しなくてもよいとされています。

　代表者の要件は、**保健師もしくは看護師、または認知症の介護に従事した経験もしくは保健医療・福祉サービスの経営に携わった経験を有する者で、厚生労働大臣が定める研修を修了している者**です。

運営基準は？

　看護小規模多機能型居宅介護の介護支援専門員は、登録者の**居宅サービス計画**を作成するとともに、**看護小規模多機能型居宅介護計画**も作成します。また、常勤の看護師等は、**看護小規模多機能型居宅介護報告書**の作成を行います。そのほか、**運営推進会議**をおおむね**２カ月に１回以上**開催し、評価を受ける必要があります。

◎ 看護小規模多機能型居宅介護とは？

事業者

通いサービス
宿泊サービス

訪問看護
＋
小規模多機能型居宅介護

訪問サービス
（介護・看護）

自宅

医療的なニーズが高い
要介護者

◎ 看護小規模多機能型居宅介護の主な基準

	職種	人数、資格要件等
人員基準	介護支援専門員	1名以上、厚生労働大臣が定める研修を修了している者
	従業員	一定数、介護などに対する知識、経験を有する者
	管理者	1名、保健師・看護師・3年以上認知症高齢者の介護に従事した経験があり、厚生労働大臣が定める研修を修了している者
	代表者	保健師・看護師・認知症の介護に従事した経験もしくは保健医療・福祉サービスの経営に携わった経験を有する者で、厚生労働大臣が定める研修を修了している者

※ 無資格の従業員は、認知症介護基礎研修の修了が必要

運営基準	・利用料等の受領 ・居宅サービス計画の作成 ・利用者に対する居宅サービス計画等の書類の交付 ・主治医との連携 ・看護小規模多機能型居宅介護計画および 　看護小規模多機能型居宅介護報告書の作成 ・社会生活上の便宜の提供等 ・定員の遵守 ・調査への協力 ・地域との連携等

管理者・代表者の要件
に注意しましょう

ワンポイント

小規模多機能型居宅介護と訪問看護が複合したサービス

福祉サービスとして提供されている小規模多機能型居宅介護に、訪問看護サービスが加わったものと覚えておきましょう。

27 療養通所介護

難病や末期がんなど、医療的ニーズの高い人を
対象とした地域密着型の通所介護です

療養通所介護は、地域密着型サービスの地域密着型通所介護（200 ページ参照）の一類型という位置づけです。対象となるのは難病や末期がんなどの重度の人たちで、つねに看護師による観察が必要とされる人たちです。なお、特定短期入所療養介護（156 ページ参照）と対象者が同じですが、設置主体等が違いますので注意しましょう。

提供されるサービスは、入浴、排泄、食事等の介護、そのほかの日常生活上の世話および機能訓練などです。利用者定員は 18 名以下となっており、通常のデイサービスに比べると職員の配置が多くなっています。

人員基準は？

看護師で、かつ適切な指定療養通所介護を行うために必要な知識と技能を有する者を管理者として配置しなければなりません。また、提供時間を通じて、利用者 1.5 名に対して 1 名以上の**看護職員または介護職員**を配置します。そのうち 1 名以上は常勤専従の看護師である必要があります。

運営基準は？

管理者は**療養通所介護計画**を作成しますが、訪問看護計画書が作成されている場合は、それとの整合を図りつつ、作成しなければなりません。

また、**運営推進会議の設置・開催（12 カ月に 1 回以上）**と**安全・サービス提供管理委員会の設置・開催（おおむね 6 カ月に 1 回以上）**という基準もあります。運営推進会議の委員は、利用者、利用者の家族、地域住民の代表者、市町村職員または地域包括支援センター職員等です。安全・サービス提供管理委員会の委員は、地域の医療関係団体に属する者、地域の保健、医療または福祉の分野を専門とする者などとなっています。

◎ 療養通所介護とは？

事業所（定員18名以下）

難病や
末期がんなど重度の
要介護者

サービス 内容	①入浴、排泄、食事等の介護 ②日常生活上の世話 ③リハビリテーション

報酬が月単位となり、
月5日未満の利用の
場合は減算されます

◎ 療養通所介護の主な基準

人員基準	職種	人数、資格要件等
	看護職員 または介護職員	利用者1.5名に対して1名以上 （うち1名以上は看護師）
	管理者	1名以上、看護師で、かつ適切な指定療養通所介護を 行うために必要な知識と技能を有する者

※無資格の介護職員は、認知症介護基礎研修の修了が必要

運営基準	・管理者による療養通所介護計画の作成 ・運営推進会議の設置・開催（12カ月に1回以上） ・安全・サービス提供管理委員会の設置・開催（おおむね6カ月に1回以上）

※報酬：1月につき12,691単位

ワンポイント

事業所の定員と人員基準は要チェック！

療養通所介護は日中通う場所がない中重度の難病患者やがん末期の
者に対して行われるサービスです。行っている事業者がまだまだ少
ないこともあり、イメージがつきにくいとは思いますが、定員（18
名以下）と人員基準などは覚えておきましょう。

28 介護老人保健施設

医療・リハビリテーション・介護等を提供し、
在宅生活へのスムーズな移行を支援します

　介護老人保健施設は、主に心身の機能の維持・回復を図り、自宅での生活ができるように支援を行う施設です。病院と自宅の「中間施設」とも呼ばれ、病院から在宅生活へのスムーズな移行をサポートします。具体的なサービスとしては、**要介護者を対象**に、看護および医学的管理下での介護および機能訓練（維持的リハビリテーション）、必要な医療の提供、日常生活上の世話などとなります。**認知症の利用者が多い**のも特徴です。

　施設には、**定員が29名以下の小規模介護老人保健施設**などもあり、さまざまな形態で運営されています。

人員基準は？

　医療系施設であるため、**医師を常勤換算**（148ページ参照）で1名以上配置する必要があります。また、**リハビリ専門職**（150ページ参照）や**介護・看護職員、栄養士等**も配置します。**薬剤師**は施設の実情に応じた適当数配置となります。介護保険の施設であるため、**施設サービス計画を作成する介護支援専門員（計画担当介護支援専門員）**の配置や**支援相談員**の配置も必要です。管理者は、原則として都道府県知事の承認を受けた医師となります。

運営基準は？

　介護保険の施設であるため、入所者の退所についての検討を行う必要があり、介護老人保健施設については、**少なくとも3カ月ごとに検討**し、その内容などを記録することになっています。また、医療系施設であるため、**検査・投薬・注射・処置**などは、入所者の病状に照らして妥当適切に行うとされていますが、厚生労働大臣が定める医薬品以外の医薬品については、入所者に使用または処方してはならないとされています。

◎ 介護老人保健施設のさまざまな形態

医療機関併設型 小規模介護老人保健施設	定員29名以下で、病院・診療所や介護医療院に併設されている
サテライト型 小規模介護老人保健施設	定員29名以下で、病院や介護医療院等に併設されてはいないが、密接な連携をもって運営されている
介護療養型 老人保健施設	介護療養型医療施設の療養病床などを介護老人保健施設に転換したもの

◎ 介護老人保健施設の主な基準

	職種	人数、資格要件等
人員基準	医師	常勤換算で1名以上
	看護職員・ 介護職員	入所者3名に対して常勤換算1名以上 （うち看護職員が7分の2程度）
	リハビリ専門職	入所者100名に対して常勤換算1名以上、 理学療法士、作業療法士、言語聴覚士
	栄養士または管理栄養士	入所者100名以上の場合、1名以上
	介護支援専門員	1名以上
	支援相談員	1名以上
	管理者	原則として都道府県 知事の承認を受けた医師

※無資格の介護職員は、認知症介護基礎研修の修了が必要

運営基準	・入所者の退所についての検討（3カ月に1回以上） ・検査・投薬・注射・処置などの妥当適切な実施 ・厚生労働大臣が定める医薬品以外の医薬品の、入所者への使用または処方の禁止

> 介護老人保健施設には「支援」相談員を配置します。名前に注意しましょう

 **ワンポイント**

人員基準と運営基準は確実に押さえておく！

介護老人保健施設の出題は毎年のようにあります。人員基準と運営基準はしっかりと覚えましょう。加算に関する出題もありますが、過去問に出題された部分を押さえればOKです。

29 介護医療院

長期の療養が必要な要介護者に、
医療と介護のサービスを提供します

介護医療院は、**長期にわたり療養が必要である要介護者**を対象に、医療や介護を提供する施設です。Ⅰ型療養床とⅡ型療養床に分類され、Ⅰ型療養床では、「重篤な身体疾患を有する者、身体合併症を有する認知症高齢者などである要介護者」が対象で、Ⅱ型療養床は「Ⅰ型療養床の対象者以外の要介護者」が対象となります。

介護医療院では、**医療機関併設型介護医療院**の設置が認められており、そのうち入所定員が19名以下のものを**併設型小規模介護医療院**といいます。

人員基準は？

Ⅰ型療養床には重篤な身体疾患等を有する要介護者が入所しているため、**医師・薬剤師・介護職員**については、Ⅱ型療養床に比べ手厚く配置されています。医師については、1施設に最低3名の配置が必要となっています。

さらに、**看護職員・栄養士等**を一定数配置し、**リハビリ専門職**（150ページ参照）・**診療放射線技師**を実情に応じた適当数配置することとなっています。

管理者は介護老人保健施設（164ページ参照）同様、原則として都道府県知事の承認を受けた医師でなければなりません。

施設基準は？

介護医療院の**療養室の定員は4名以下**となっていますが、プライバシーを確保するために、家具やパーテーションなどを使用して室内を区分けします。その際、単にカーテンで仕切られているだけではプライバシーの確保は不十分とされています（ユニット型介護医療院の療養室の場合、定員は1名となります）。また、診察室とは別に処置室の設置が必要で（兼用も可能）、そこには原則としてエックス線装置室等を備える必要があります。

◎ 介護医療院のさまざまな形態

Ⅰ型療養床	重篤な身体疾患を有する者や身体合併症を有する認知症高齢者などの要介護者が入所する
Ⅱ型療養床	Ⅰ型の対象者以外の要介護者が入所する
医療機関併設型介護医療院	病院または診療所に併設されている介護医療院
併設型小規模介護医療院	医療機関併設型介護医療院のうち、入所定員が19名以下の介護医療院

◎ 介護医療院の主な基準

	職種	人数、資格要件等
人員基準	医師	最低3名必要。換算方法は（Ⅰ型入所者数÷48）＋（Ⅱ型入所者数÷100）
	薬剤師	（Ⅰ型入所者数÷150）＋（Ⅱ型入所者数÷300）
	介護職員	（Ⅰ型入所者数÷5）＋（Ⅱ型入所者数÷6）
	看護職員	入所者数÷6
	栄養士または管理栄養士	入所者100名以上の場合、1名以上
	リハビリ専門職	実情に応じた適当数。理学療法士、作業療法士、言語聴覚士
	介護支援専門員	1名以上
	診療放射線技師	実情に応じた適当数
	管理者	原則として都道府県知事の承認を受けた医師

※無資格の介護職員は、認知症介護基礎研修の修了が必要

設備基準	・療養室の定員は4名以下　・エックス線装置を備えた処置室の設置 ・家具やパーテーション等による間仕切りの設置によるプライバシーへの配慮

ワンポイント

介護老人保健施設との相違点を整理しておこう！

今後、出題頻度が高くなる可能性があります。介護老人保健施設（164ページ参照）との違いや、Ⅰ型とⅡ型の相違点を理解しておきましょう。

コラム 保健医療分野の攻略法と出題傾向

　保健医療分野ですので、「疾病」に関する出題が多いのは当然のことです。疾病については苦手意識を持っている受験者は少なくありませんが、範囲は高齢者に限定されているため、すべての疾病を覚える必要はありません。高齢者に多い疾患に限定し、在宅医療管理（これも高い頻度で出題されます）とセットにして、下の図のようにまとめて覚えるのがおすすめです。

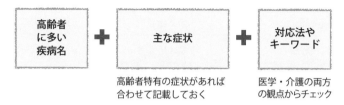

　たとえば、「糖尿病」であれば、次のようにまとめて覚えます。

「保健医療分野」の出題実績（第21回～第25回）			
高齢者の疾病	14問	精神の疾病	4問
介護技術の展開	10問	認知症	4問
在宅医療管理	7問	感染症	4問
バイタル	7問	訪問看護	4問
急変時の対応	6問	介護老人保健施設	4問
介護医療院	5問	看護小規模多機能型居宅介護	4問
終末期ケア	4問	検査	4問

第 3 章

福祉サービス分野

対人援助職に関するコミュニケーション技術やソーシャルワーク、介護保険制度以外の法制度についてなど、出題は多岐にわたります。また、福祉系サービスについて幅広い知識が求められる分野でもあります。なお、ソーシャルワークやコミュニケーション技術についての問題は、毎年の傾向としてさほど難しくないので、得点源にしましょう。

ソーシャルワーク

個人・集団・地域などへの働きかけの方法であり、
専門職であるソーシャルワーカーが担い手です

　ソーシャルワークとは、個人・集団・地域に対して専門職であるソーシャルワーカーが中心となって働きかける際の方法論です。ソーシャルワーカーとは、広義には社会福祉の事業に携わる人の総称です。個人へは**ケースワーク**、集団には**グループワーク**、そして地域には**コミュニティワーク**と、働きかけ先によって呼び方が異なります。

3つのソーシャルワークでできること

　ケースワークでは、生活課題を抱える個人や家族に対して、その課題の明確化を行い、心理的な働きかけを行います。介護支援サービスでの**ケアマネジメントの手法**がこれにあたります（100ページ参照）。

　グループワークとは、集団に働きかけることで個々の力を向上させ、グループ内外のさまざまな問題を解決していくという方法です。たとえば、**デイサービスなどで行われているレクリエーション**には**グループワーカー**が存在し、一定の方向性を導き出すことをサポートします。グループ内では、ときにグループ内で「リーダー」が出現したり、ケンカが始まったりと、さまざまな問題が起こります。こうした問題をグループ内で解決できない場合には、グループワーカーが介入して場をおさめていきます。その際、グループワーカーはグループが抱える課題を明確にし、支援方法を修正していくなどして、個人や集団の能力がアップしていくようにサポートしていきます。

　コミュニティワークとは、地域に対する働きかけです。ただ、地域全員に声をかけるわけにはいかないので、**地域のリーダーや組織に働きかけていきます**。たとえば、一人暮らしの高齢者の見守りを根づかせる活動であれば、地域住民向けの勉強会などを実施し、そこからボランティア組織をつくり、見守り運動を活性化させる、といった方法が考えられます。

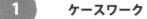 **3つのソーシャルワークの方法**

1　ケースワーク … 個人や家族に対するソーシャルワーク

ソーシャルワーカー

相談
助言 …など

利用者やその家族

例
・介護支援サービスでのケアマネジメント
・生活保護のケースワーク

2　グループワーク … 集団に対するソーシャルワーク

ソーシャルワーカー

指導
見守り
介入
調整

小集団

グループダイナミックス
（グループ内での成長）
なども見られます

例
・デイサービスなどでのレクリエーション

3　コミュニティワーク … 地域に対するソーシャルワーク

ソーシャルワーカー

地域のリーダーや
組織への働きかけ

地域

地域の
組織化
（自治会など）

福祉の
組織化
（ボランティア団体など）

例
・ボランティア活動の呼びかけ
・ネットワーク構築

 ワンポイント

個別・集団・地域それぞれのソーシャルワークの方法を理解しよう！

ソーシャルワークは出題頻度が高い項目です。個別・集団・地域に対する各方法を理解しておきましょう。

02 相談面接技術

対人援助職として、相手から信頼される
コミュニケーションの方法を学んでいきましょう

　相談面接を進めていくために、利用者（クライエント）とどのように関わっていくかを学ぶことが重要になってきます。そのため、援助者（ワーカー）には、利用者との信頼関係を構築していくための知識と技術が求められます。そのヒントとなるものに、たとえば、**バイステックの7原則**があります（右ページ参照）。これは、ワーカーに求められるクライエントとの関わり方を示したものです。また、その具体的な方法として、クライエントの話を聴くときの姿勢を提示した**イーガンのSOLER（ソーラー）理論**があります。

「話し上手になればいい」というものではない

　コミュニケーションには言葉を使った**言語的コミュニケーション**と、表情や身振りなどによる**非言語的コミュニケーション**がありますが、私たちはむしろ**非言語の部分で感じていることが多い**のではないでしょうか。

　「人を見た目で判断してはならない」といわれますが、対人援助職の人たちは見た目で判断されてしまうことも多々あります。歴数十年のベテランヘルパーさんでも、家に入れてもらわなければその技術を発揮することはできません。その意味で、単に話し上手になるだけではなく、非言語的な部分も含めて人とのコミュニケーションの方法を学んでいくことが重要です。

　一方で、個々のコミュニケーションスキルとは別に、相手とのやりとりが阻害されることもあります。その場合、その**阻害要素へのアプローチ**が必要です。たとえば、周囲がうるさくて話が聞こえない（**物理的雑音**）のであれば、静かな環境で話をすることが求められます。相手に聴覚障害（**身体的雑音**）があれば、言葉以外のコミュニケーション手段をとることが必要です。

　このように、**相手に合わせたコミュニケーションの方法**を学んでいくことも重要なのです。

バイステックの7原則とは?

①個別化の原則	同じ病態であっても、一人ひとり違うため、その人に合った対応が必要である
②意図的な感情表出の原則	感情を我慢させることなく、表現してもらうよう対応する
③統制された情緒的関与の原則	クライエントの感情に巻き込まれず、冷静に対応する
④受容の原則	クライエントがいかなる疾病であっても、「人として」対応する
⑤非審判的態度の原則	援助者が「決めない」こと
⑥自己決定の原則	クライエントに「決めてもらう」こと
⑦秘密保持の原則	不必要に秘密をもらさないこと

イーガンの「SOLER理論」とは?

Squarely
まっすぐに向かい合う

Open
開かれた姿勢で臨む

利用者やその家族

Relaxed
リラックスした姿勢

Eye Contact
適切に視線を合わせる

Lean
体を相手のほうに傾ける

受容・傾聴・共感とは?

受容
クライエントを「人として」ありのまま受け止める

傾聴
耳を傾けてしっかりと聴く。うなずきや反復も入れる

共感
クライエントの感情を理解する。同情ではないので注意!

ワンポイント

受容・傾聴・共感の理解は必須!

ケアマネ試験では、ケアマネジメントを進めていくにあたり必要な相談面接技術が問われます。受容・傾聴・共感については最低限理解しておくことが必要です。

03 障害者福祉制度

日本の障害者福祉制度の変遷と
「障害者総合支援法」の内容を理解しましょう

　2013（平成25）年4月から、「障害者の日常生活及び社会生活を総合的に支援するための法律」（以下、「障害者総合支援法」）が施行され、**身体障害者、知的障害者、精神障害者（発達障害者を含む）、難病等の者を対象**とした障害福祉サービスが提供されています。この法律は**自立支援給付**と**地域生活支援事業**で構成されています。また、**障害支援区分を区分1〜6の6段階**で定め、その中の「区分6」がもっとも重度となっています。

「自立支援給付」の中身は多岐にわたる

　自立支援給付は、障害者の生活を支えることが目的の給付のため、内容は多岐にわたります。

　具体的には、**居宅介護、重度訪問介護**などのホームヘルプサービス、視覚障害者対象の**同行援護**、重度の知的障害者、精神障害者が対象者となる**行動援護、生活介護**などのデイサービス、就職に関係するサービス（**就労移行支援、就労継続支援、就労定着支援**）などです。また、車いすや義眼など、身体の機能を補完する**補装具の支給**や、地域で生活していくための医療費（**自立支援医療費**）もあります。そのほか、障害者のケアプランであるサービス等利用計画の作成（**計画相談支援給付費**）も自立支援給付の1つです。

自治体が主体の「地域生活支援事業」

　自立支援給付が国主体（支給決定は市町村）なのに対し、**地域生活支援事業では都道府県および市町村**が事業の詳細を決められます。市町村地域生活支援事業では、ガイドヘルパー（移動支援事業）や成年後見制度の利用支援事業などが、都道府県地域生活支援事業では、**相談支援専門員やサービス管理責任者の養成**、手話通訳者や要約筆記者派遣事業などが行われます。

◎ 日本の障害者福祉制度の変遷

2003年4月～2006年3月	2006年4月～2013年3月	2013年4月～
支援費制度	障害者自立支援法	障害者総合支援法

障害者	身体障害者、知的障害者、精神障害者（発達障害者を含む）、難病等の患者

◎ 障害者に関連する「自立支援給付」の主な項目

介護給付	対象者
居宅介護	すべての障害者が対象となるホームヘルプサービス
重度訪問介護	重度の肢体不自由、知的障害、精神障害のある者が対象
同行援護	視覚障害のある者が対象
行動援護	行動障害のある重度の知的障害、精神障害のある者が対象

自立支援医療	対象者
精神通院医療	精神疾患を有し、継続的に通院する必要のある者が対象

◎「障害者総合支援法」のキーワード

障害支援区分	区分1～6まであり、区分6が最重度である
特定相談支援事業所	障害者のケアプランを作成する事業所
サービス等利用計画	障害者のケアプラン
相談支援専門員	サービス等利用計画を作成する者

 ワンポイント

障害者への福祉制度も、しっかりチェックしよう！

障害者福祉制度の出題頻度は高くなる傾向にあります。高齢者への
サービスをメインの仕事にしている受験者にとっては慣れない分野
かもしれませんが、過去問を中心に学習を進めましょう。

04 生活保護制度

生活保護法の扶助内容を押さえるとともに、
介護保険との関係について理解しましょう

　生活保護法は、**日本国憲法第25条の生存権を保障**するためにつくられました。「国民の最低限度の生活」を保障するための重要な法律で、そのための原理・原則が定められています。

　原理には大きく4つあります。それは、国が最低限度を保障する**国家責任**の原理、身分等にかかわらず受けることができる**無差別平等**の原理、最低限度の生活の水準を定め、それを保障する**最低生活保障**の原理、そして利用し得る資産や能力を最大限活用しなければならない**補足性**の原理です。

　原則も4つあります。それは、申請に基づいてスタートする**申請保護**の原則、世帯で受給する**世帯単位**の原則、国が決めた基準・程度で行われる**基準および程度**の原則、必要なときにすぐ対応する**必要即応**の原則です。

　生活保護法で実施される保護（扶助といいます）には8種類あります。具体的には、①生活費である**生活扶助**、②義務教育の教育費などの**教育扶助**、③地代・家賃などがまかなわれる**住宅扶助**、④医療費となる**医療扶助**、⑤介護保険相当の給付となる**介護扶助**、⑥出産に伴う費用などがまかなわれる**出産扶助**、⑦資格取得などの費用がまかなわれる**生業扶助**、そして⑧**葬祭扶助**です。

介護保険法と生活保護法との関係

　生活保護を受給していても、介護保険の被保険者となることは可能です。その場合、**生活保護受給者の介護保険料は、「生活扶助」から出る**ことになります。また、介護保険のサービスを使った場合、前述の「補足性の原理」により、かかる費用の9割分については介護保険から、**残りの1割について**が、「介護扶助」からお金が出ます。そのほか、**介護保険施設（74ページ参照）に入所している者の食費**についても、「介護扶助」からお金が出ます。

◎ 生活保護の8つの扶助

種類	内容	給付方法
①**生活扶助**	生活費（衣・食）、介護保険料	
②**教育扶助**	義務教育に関するもの	金銭
③**住宅扶助**	生活費（住）＝地代・家賃	
④**医療扶助**	医療費全般	現物
⑤**介護扶助**	介護保険の給付相当、介護保険施設での食費	
⑥**出産扶助**	出産に関わる費用（医療以外）	
⑦**生業扶助**	仕事に関する資格取得など	金銭
⑧**葬祭扶助**	死亡に関する費用	

◎ 生活保護受給者が介護保険のサービスを利用したら…

【居宅の場合】

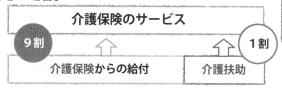

「補足性の原理」により、介護保険が優先的に使われます

【介護保険施設の場合】

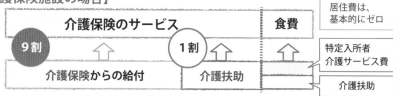

居住費は、基本的にゼロ

特定入所者介護サービス費

介護扶助

ワンポイント

生活保護法の4つの原理・4つの原則を
しっかり頭に入れよう！

生活保護制度は頻出です。原理・原則と扶助の内容を理解し、かつ介護保険に関係する扶助（生活扶助と介護扶助）を覚えましょう。

05 生活困窮者自立支援制度

生活保護受給者になる一歩手前のセーフティ
ネット。就労や住宅などの支援を行います

　生活困窮者自立支援法は、「**最低限度の生活を維持することができなくなるおそれのある者**」を対象とし、生活保護受給者に至らないために前もって支援をするためにつくられた法律です。2015（平成27）年4月にスタートしました。

押さえておきたい2つの「必須事業」

　生活困窮者自立支援法に基づくいくつかの事業のうち、**必須事業**とされているものが2つあります。それは、就労の支援その他の自立に関する問題についての相談、情報提供、助言、関係機関との連絡調整等を行う**生活困窮者自立相談支援事業**（以下、「自立相談支援事業」）と、離職などで経済的に困窮し、居住する住宅を失ったり、家賃の支払いが困難になったりした者で、就職するために住居を確保する必要がある者を対象に行われる**生活困窮者住居確保給付金**（以下、「住居確保給付金」）です。

　自立相談支援事業については、その事務を、自治体だけでなく、**社会福祉法人や特定非営利活動（NPO）法人などに委託**することができます。もう1つの住居確保給付金については、**支給期間が3カ月（最大9カ月まで延長可能）**で、**支給額は家賃の額**となります。

　これらの必須事業のほかに、就労に必要な知識や能力向上のために必要な訓練を最長1年かけて行う**就労準備支援事業**、一定の住居を持たない者に、宿泊場所や食事の提供を行う**一時生活支援事業**、家計改善の意欲を高める支援を行うとともに、生活に必要な資金の貸付けの斡旋（あっせん）を行う**家計改善支援事業**、子どもの学習援助、居場所提供、進路選択や関係機関との連絡調整を行う**生活困窮者である子どもに対し学習の援助を行う事業**（子どもの学習支援事業）があります。

◎ 2つの必須事業

| 生活困窮者 | 「最低限度の生活を維持することができなくなるおそれがある者」（生活困窮者自立支援法第3条）
① 生活保護を受給していない
② 生活保護に至る可能性がある
③ 自立が見込まれる |

1 生活困窮者自立相談支援事業

社会福祉法人やNPO法人などに委託可能

生活困窮者 → 相談 → 都道府県等※

自立支援計画の作成

① 情報提供、助言
② 認定生活困窮者就労訓練事業の利用斡旋

2 生活困窮者住居確保給付金

都道府県等※

離職などにより、経済的に困窮し、住宅費の支払い等に困っている生活困窮者 → 申請 →

支給

1カ月あたりの家賃を3カ月支給
（3カ月ごと、9カ月までの範囲で定める）

どちらの事業においても、対象者の「生活困窮者」の定義は同じです

※都道府県、市、および福祉事務所を設置する町村

📖✏ **ワンポイント**

覚えるのは、2つの必須事業だけで OK

生活保護制度に関連して本テーマが出題される可能性があります。とはいえ、押さえておけばいいのは、「必須事業」のみ。この部分を理解していれば、出題されても正解することができるでしょう。

06 後期高齢者医療制度

75 歳以上（原則）の後期高齢者
のための医療制度です

　後期高齢者医療制度は、2008（平成 20）年 4 月にスタートした**高齢者の医療の確保に関する法律**（「高齢者医療確保法」）に基づき、医療費の適正化推進を目的に、前期高齢者にかかる医療保険者間の費用負担の調整と、後期高齢者に対する適切な医療を行うための制度として確立されました。

一部の 65 歳以上 75 歳未満の者も対象となる

　この制度の運営主体は、都道府県ごとに設立された**後期高齢者医療広域連合**（以下、広域連合）です。ただし、**保険料の徴収や被保険者資格の管理などについては市町村が行う**こととなっています。

　また、被保険者については、住民票のある **75 歳以上の者**に加え、**65 歳以上 75 歳未満で障害認定を受けた者**も含まれます。ただし、国民健康保険同様、**生活保護受給世帯の者は被保険者となりません。**

　保険料の設定は各広域連合が決定し、保険料の徴収方法については、年金からの天引き（特別徴収）に加え、市町村からの納入通知書を用いて納付する普通徴収があります。

1 割負担が基本だが、3 割負担の例外もあり

　後期高齢者医療制度では、**療養の給付、入院時食事療養費、訪問看護療養費、特別療養費、高額療養費**など 10 種類に加え、保険者ごとに条例で定める給付があります。

　被保険者の一部負担割合は**基本的に 1 割負担**となりますが、2022 年 10月より、一定以上の所得がある方は 2 割負担となりました。また、現役並み所得者は、今まで通り 3 割負担です。

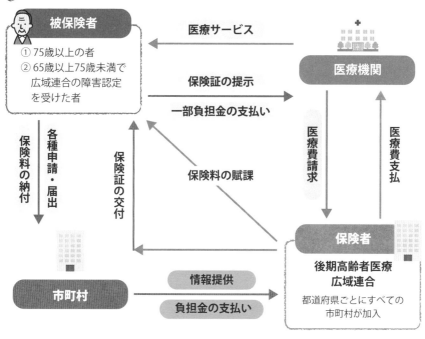

◉ 後期高齢者医療制度のしくみ

被保険者
① 75歳以上の者
② 65歳以上75歳未満で広域連合の障害認定を受けた者

医療サービス →

医療機関

保険証の提示 →
一部負担金の支払い →

保険料の納付

各種申請・届出

保険証の交付

保険料の賦課

医療費請求

医療費支払

市町村

情報提供 →
負担金の支払い →

保険者
後期高齢者医療広域連合
都道府県ごとにすべての市町村が加入

保険給付の 10 の種類

①療養の給付
②入院時食事療養費
③入院時生活療養費
④保険外併用療養費
⑤療養費

⑥訪問看護療養費
⑦特別療養費
⑧移送費
⑨高額療養費
⑩高額介護合算療養費

📖✏️ **ワンポイント**

深入りせずに、過去問で出題されたレベルを確実にする！

後期高齢者医療制度に関しては、2年に1回程度出題されますが、保険者と被保険者に関して大まかに問われる程度です。深く覚えようとせず、過去問に出題されたレベルを確実にこなしましょう。

07 高齢者住まい法

「サービス付き高齢者向け住宅」の
根拠法となっている法律です

　高齢者住まい法は、正式名称を「高齢者の居住の安定確保に関する法律」といい、2011（平成23）年よりスタートしました。国の基本方針のもと、**都道府県および市町村**は、高齢者居住安定確保計画に基づいて進めていくこととなっています。この都道府県および市町村が策定する高齢者居住安定確保計画は、**都道府県介護保険事業支援計画、および市町村介護保険事業計画と調和**が保たれたものであることが求められます。

　なお、高齢者住まい法は、**国土交通省と厚生労働省**が定めています。

サービス付き高齢者向け住宅とは？

　高齢者住まい法の定める基準により登録される高齢者向けの住宅が**サービス付き高齢者向け住宅**（以下、「サ高住」）です。高齢者の暮らしを支援するバリアフリー住宅で、都道府県に登録されます。提供されるサービスには、入居者の心身の状況を把握し、その状況に応じた便宜を提供する**状況把握サービス**と、入居者からの相談に応じ必要な助言を行う**生活相談サービス**があります。入居するには、60歳以上の高齢者または要介護等認定を受けている60歳未満の者で単身者であることなど、いくつかの要件があります。

　サ高住の登録基準ですが、たとえば、各居住部分は床面積25㎡以上と定められ、状況把握サービスおよび生活相談サービスを提供するために、**居宅サービス事業者等が夜間を除き常駐**し、サービスを提供する体制がとられている必要があります。契約事項については、**長期の居住が保障**されたものでなければならず、入居後3カ月以内に解除および死亡で契約が終了した場合は**家賃等の前払金を返還**するといったことが明記されている必要があります。なお、有料老人ホームに該当するサ高住は、住所地特例（34ページ参照）の対象となります。

◎ サービス付き高齢者向け住宅の登録基準と入居者要件

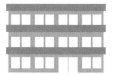

サービス付き高齢者向け住宅

登録基準
・各居住部分は床面積25㎡以上
・バリアフリー構造
・夜間を除くサービスの提供
　　　　　　　　　…など

入居者の要件
①60歳以上の高齢者
②40歳以上60歳未満の
　要介護者・要支援者
③①②の配偶者
④①②の60歳以上の親族

有料老人ホームに該当する条件
・食事、介護、家事、健康管理のいずれかを提供している
・定員が30名以上

→ 「住宅地特例」の対象施設になる

◎ 提供されるサービス

状況把握サービス	入居者の心身の状況を把握し、その状況に応じて、一時的に便宜を提供する
生活相談サービス	日常生活を支障なく営むことができるようにするために、入居者からの相談に応じ、必要な助言を行うサービス

 ワンポイント

根拠法やサービス内容などを確認しておこう！

サービス付き高齢者向け住宅の根拠法として、「高齢者住まい法」が出題される可能性があります。また、サ高住において提供される2つのサービスと、登録基準についても確認しましょう。

老人福祉法

介護保険法がスタートする前は
この法律で老人福祉が行われていました

　老人福祉法は、**福祉六法の1つ**であり、老人の心身の健康の保持および生活の安定のために必要な措置を講じることで老人の福祉を図ることを目的として1963（昭和38）年に公布されました。

老人福祉法と介護保険法の違いは？

　介護保険法が始まる前の老人福祉は、老人福祉法によって行われていました。では、両者はどういう点で異なっているのでしょうか。

　老人福祉法は、行政がすべて決める**措置制度**（行政処分）として行われてきました。一方、介護保険法では、利用者が事業者を選択し契約を締結する**契約制度**で行われています。また、**老人福祉法の財源は基本的に公費**（つまり税金）ですが、**介護保険料の財源は公費と保険料**です。

　とはいっても、両法律とも対象は高齢者ですから、市町村介護保険事業計画および都道府県介護保険事業支援計画や、市町村および都道府県における老人福祉計画とは**一体のものとして作成**されなければなりません。

　現在では、高齢者に対するサービスは、**ほとんど介護保険法に基づいて行われています**が、高齢者が虐待を受け、介護保険法においてサービスを受けることができない場合などは、老人福祉法による措置が行われます。たとえば、要支援2の高齢者が自宅で息子から虐待を受け、生命または身体に重大な危険が生じている場合は、命を守るために特別養護老人ホームなどへ強制的に入所させ、息子と隔離するといったケースが、これに該当します。

　老人の福祉を図るために、老人福祉法では、老人居宅介護等事業や老人デイサービス事業、老人短期入所事業などの**老人居宅生活支援事業**の実施と、老人デイサービスセンターや老人短期入所施設、養護老人ホームや特別養護老人ホームなどの**老人福祉施設**の設置が行われています。

◎ 老人居宅生活支援事業の主な内容

①老人居宅介護等事業	老人へのホームヘルプサービスの実施
②老人デイサービス事業	老人を日中通わせ、サービスを提供する
③老人短期入所事業	老人を短期間入所させ、サービスを提供する
④小規模多機能型居宅介護事業	ホームヘルプ、デイサービス、ショートステイを実施する
⑤認知症対応型老人共同生活援助事業	認知症老人のグループホーム
⑥複合型サービス福祉事業	訪問看護と老人小規模多機能型居宅介護事業を合わせて行う事業

◎ 老人福祉施設の7つの種類

① 老人デイサービスセンター
② 老人短期入所施設
③ 養護老人ホーム
④ 特別養護老人ホーム
⑤ 軽費老人ホーム
⑥ 老人福祉センター
⑦ 老人介護支援センター

「施設」といっても、必ずしも「入所」なわけではありません

◎ 老人福祉法と介護保険法の違い

	老人福祉法	介護保険法
法律の性格	措置制度	契約制度
サービス提供事業者の選択・決定	措置の実施者が決める	被保険者が決める
費用	所得に応じて決まる（応能負担）	利用量に応じて決まる（応益負担）
ケアマネジメント	不要	要

📖✍ **ワンポイント**

老人福祉法と介護保険法の違いを整理しておこう！

老人福祉法単独で出題されるよりも、高齢者虐待などと合わせて出題される可能性があります。また、介護保険法との違いも確認しておきましょう。

1 介護支援分野

2 保健医療分野

3 福祉サービス分野

09 個人情報保護法

個人情報の種類や取扱い方の注意等を
理解しましょう

個人情報保護法（個人情報の保護に関する法律）は、個人情報の有用性に
配慮しつつ、個人の権利・利益を保護することを目的としています。この法
律では、個人情報は個人の権利であることが明記され、国や地方公共団体、
事業者などが個人情報を適切に取り扱うことが規定されています。

個人情報とは？

個人情報とは、「**生存する個人に関する情報**」であり、氏名や生年月日そ
の他の記述等により特定の個人を識別できるものや、DNAや指紋、顔、パ
スポート番号、住民票コードなどの**個人識別符号**のことをいいます。また、
病歴や犯罪歴、障害の有無、健康診断の結果など、本人に対する不当な差別、
偏見その他不利益が生じないようにその取扱いにとくに配慮を要するものを
要配慮個人情報といいます。

個人情報取扱事業者の「義務」とは？

個人情報取扱事業者とは、個人情報データベース等を事業に利用している
者をいい、法人や個人、大企業や中小企業にかかわらず、**国の機関・地方公
共団体・独立行政法人・地方独立行政法人以外の者**すべてが該当します。

また、個人情報取扱事業者は、「利用目的をできる限り特定しなければな
らない」「本人の同意を得ないで個人情報を取り扱ってはならない」「利用
目的を本人に通知し、または公表しなければならない」「本人の同意を得ず、
個人データを第三者に提供してはならない」等の義務が課せられています。

なお、「第三者への提供」についての規定は、人の生命、身体または財産
の保護、公衆衛生の向上または児童の健全な育成の推進のために必要がある
場合であって、**本人の同意を得ることが困難である場合は除かれます**。

◎ 個人情報保護法のキーワード

個人情報

「生存する個人に関する情報」（第2条）
① 特定の個人を識別することができるもの
　【例】氏名、生年月日、住所、メールアドレス、電話番号　…など
② DNA、指紋、顔、声紋、虹彩、パスポート番号、住民票コード、
　マイナンバー、免許証番号などの、個人識別符号が含まれるもの

要配慮個人情報

個人情報のうち、本人に対する不当な差別、偏見、その他の不利益が
生じないよう、その取扱いにはとくに配慮が必要なもの
　【例】人種、社会的身分、病歴、障害の有無、健康診断の結果　…など

個人情報取扱事業者

個人情報データベース等を事業に利用している者
（取り扱う個人情報の数は関係なし）
　【例】医療・介護事業者全般、NPO法人、自治会、同窓会　…など
※国の機関・地方公共団体・独立行政法人・地方独立行政法人は除く

義務

命を守るために、同意
なき提供があります

・利用目的をできるだけ明らかにする
・本人の同意を得ず、要配慮個人情報を得てはならない
・必要がなくなった場合、遅滞なく消去する
・本人の同意を得ず、個人データを第三者に提供してはならない

第三者提供の例外

・人の生命、身体または財産の保護のために必要であり、本人の
　同意を得られない場合
　【例】救急の際　…など
・公衆衛生の向上または児童の健全な育成の推進のために必要で
　あり、本人の同意を得られない場合
　【例】感染症の拡大の防止、児童生徒の行方不明案件　…など

ワンポイント

通常の個人情報と要配慮個人情報との違いを整理しておこう！

個人情報の定義や個人情報取扱事業者に関すること以外に、要配慮
個人情報について出題される可能性があります。通常の個人情報と
要配慮個人情報との違いは確認しておきましょう。

10

育児・介護休業法

介護・育児と職業生活との両立を
実現する目的でつくられた法律です

　育児・介護休業法（育児休業、介護休業等育児又は家族介護を行う労働者の福祉に関する法律）は、育児や介護を行う者が職業生活と家庭生活を両立することを支援する目的でつくられました。内容としては、育児や介護のために離職するのではなく、一定期間の休業を保障したり、仕事との両立を支援したりするために、事業主が行うべき措置などが定められています。

「介護休業・介護休暇」の概要

　介護休業とは、労働者が要介護状態にある家族を介護するためにとる休業をいい、**介護休暇**は、家族の介護や通院等の付添いのため、時間単位で取得できるものをいいます。介護休業の対象家族は、**配偶者、父母、子、祖父母、兄弟姉妹、孫、配偶者の父母**となっており、介護休業期間は対象家族 1 名につき **93 日**（3 回まで分割可）、介護休暇は 1 年度で **5 日**（対象家族が 2 名以上の場合は **10 日**）となります。時間単位で取得可能です。

　事業主は、労働者から介護休業の申し出があった場合、拒むことができません。介護休業期間中は、雇用保険から介護休業給付金が給付されます。

「育児休業・子の看護休暇」の概要

　育児休業とは、労働者がその子を養育するための休業をいい、**子の看護休暇**は、子（小学校就学前）の看病や予防接種などの付添いを目的に取得できる休暇のことです。育児休業期間は、原則として子が出生した日から **1 歳**に達するまでで、保育所に入所できないなどの要件を満たす場合、最大 **2 歳**に達する日まで延長することができます。

　事業主は、労働者から育児休業の申し出があった場合、拒むことができません。育児休業期間中は、雇用保険から育児休業給付金が給付されます。

◎ 育児・介護休業法とは?

	介護休業	育児休業
対象	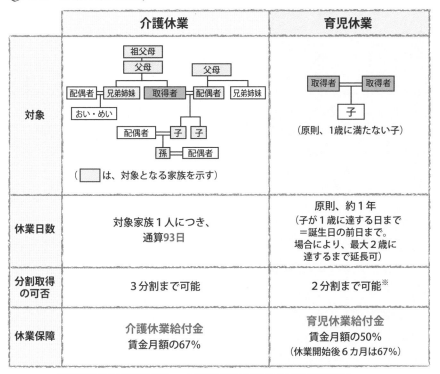（□ は、対象となる家族を示す）	取得者——取得者 子 （原則、1歳に満たない子）
休業日数	対象家族1人につき、通算93日	原則、約1年（子が1歳に達する日まで＝誕生日の前日まで。場合により、最大2歳に達するまで延長可）
分割取得の可否	3分割まで可能	2分割まで可能※
休業保障	介護休業給付金 賃金月額の67%	育児休業給付金 賃金月額の50%（休業開始後6カ月は67%）

介護休業は分割で取得することもできます

子の出生直後8週間以内に、4週間までの育児休業が取得できます※

※休業期間は男女により異なる。男性は、子の誕生日から1歳の誕生日を迎える前日までのうちの申請した期間。女性は、産後休業が終了した翌日から子が1歳の誕生日を迎える前日まで。条件によっては、一定期間の延長が可能

ワンポイント

介護休業の対象者や期間等を押さえておこう！

育児・介護休業法では、介護休業について出題される可能性があります。介護休業の対象者や期間などに加えて、分割して取得できることにも注目しましょう。育児休業と比較して覚えると効率的です。

高齢者虐待防止法

高齢者虐待防止法は、高齢者への「虐待防止」と
「擁護者の支援」の2本柱となっています

　高齢者虐待防止法（高齢者虐待の防止、高齢者の養護者に対する支援等に関する法律）は、**高齢者への虐待を防止**するとともに、**養護者を支援**することで、高齢者の権利擁護を行うことを目的としています。

　この法律での高齢者虐待の定義は、「養護者による高齢者虐待及び養介護施設従事者等による高齢者虐待」（第2条3項）です。

　虐待の具体的な行為としては、①暴力などの**身体的虐待**、②暴言や拒絶的な対応などをする**心理的虐待**、③わいせつな行為をする・させるなどの**性的虐待**、④財産を不当に処分するなどの**経済的虐待**、そして⑤養護を著しく怠る**介護放棄（ネグレクト）**の5つが挙げられています。

虐待を発見したときの対応の流れ

　高齢者虐待防止法では、養護者による高齢者虐待と養介護施設従事者等による高齢者虐待に分けられています。養護者は**主に家族や親族**を、養介護施設従事者等は**老人福祉法と介護保険法に規定されている事業者や施設の職員**を指しています。

　養護者における虐待を発見した場合、生命または身体に重大な危険が生じている場合には**市町村への通報**が必要です。それ以外の場合は市町村に通報するよう努めなければなりません。養介護施設従事者等による虐待については、自分が働いている施設（関連施設も含む）で発見した場合は、**市町村に通報**しなければなりません。

　通報を受けた市町村は、関係各機関との調整を行い、状況に応じて**所轄の警察署長に協力を求めながら立入調査を行う**こともあります。また、発見した高齢者に生命または身体に重大な危険が生じる恐れがある場合、**老人福祉法による措置**（184ページ参照）が行われます。

◎ 高齢者虐待防止法での、5つの「高齢者虐待」

① 身体的虐待	高齢者の身体に外傷が生じる、または生じる恐れのある暴行を加えること
② 心理的虐待	高齢者に対する著しい暴言、または著しく拒絶的な対応など、高齢者に著しい心理的外傷を与える言動を行うこと
③ 性的虐待	高齢者にわいせつな行為をすること、またはさせること
④ 経済的虐待	養護者、または高齢者の親族が、その高齢者の財産を不当に処分するなど、その高齢者から不当に財産上の利益を得ること
⑤ 介護放棄（ネグレクト）	高齢者を衰弱させるような著しい減食、または長時間の放置、養護者以外の同居人による身体的虐待、性的虐待、経済的虐待の放置など、養護を著しく怠ること

◎ 市町村への通報のルール

【養護者による虐待を発見した場合】

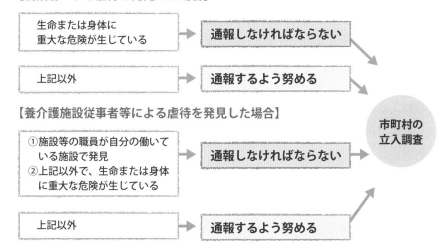

【養介護施設従事者等による虐待を発見した場合】

ワンポイント

5つの「高齢者虐待」は必須暗記項目！

高齢者虐待の学習法は、事例をできるだけ集めて、各行為がどの虐待に該当するのかを分類していく方法がおすすめです。とくに経済的虐待はイメージしにくいので要注意です。

12 成年後見制度

判断能力が不十分となった者に代わって、
後見人等が財産管理と身上監護を行える制度です

　成年後見制度とは、認知症・精神障害・知的障害などにより判断能力が不十分となった者に対して、**成年後見人**等が補っていく制度です。具体的には、本人に代わって財産を管理し、使用していく**財産管理**と、施設入所契約や病院入院手続きなどの契約行為を行う**身上監護**があります。

　制度としては、**法定後見制度**と**任意後見制度**の2つがあります。

法定後見制度と任意後見制度の違い

　法定後見制度とは、**対象者の判断能力が低下してから**家庭裁判所に申立を行い、家庭裁判所が職権で成年後見人等を選任する制度です。

　対象者の判断能力に応じて、判断能力を欠く対象者には**後見人**、判断能力が著しく不十分である対象者には**保佐人**、判断能力が不十分である対象者には**補助人**が選任されます。後見人には本人に代わって法律行為を行うことができる**代理権**が与えられ、保佐人や補助人には、その状況に合わせて**同意権**や**取消権**などの権限が与えられることになります。

　一方、任意後見制度とは、**対象者の判断能力があるとき**に、前もって**任意後見人**とその内容を契約（**任意後見契約**）しておく制度です。

　任意後見契約については、**公正証書によるものでなければならず**、それ以外の契約はすべて無効となります。また、契約後は公証人が**東京法務局へ後見登記の申請**を行うこととされています。

　対象者の判断能力が不十分になった場合、任意後見人は家庭裁判所へ申立をします。家庭裁判所は**任意後見監督人（見張り番）**を選任し、任意後見契約が有効となります。

　万一、任意後見人に不正等があった場合、任意後見監督人の報告を受けた家庭裁判所は、**任意後見人を解任**することができます。

◎ 成年後見制度とは?

法定後見制度 …認知症などになった後に申立

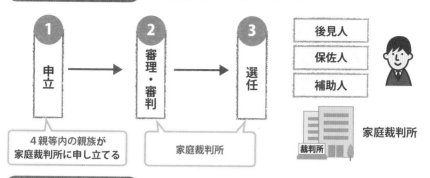

① 申立
→
② 審理・審判
→
③ 選任

後見人
保佐人
補助人

4親等内の親族が
家庭裁判所に申し立てる

家庭裁判所

裁判所 家庭裁判所

任意後見制度 …認知症などになる前に契約

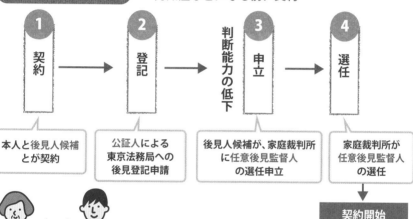

① 契約
→
② 登記
→
判断能力の低下
③ 申立
→
④ 選任

本人と後見人候補
とが契約

公証人による
東京法務局への
後見登記申請

後見人候補が、家庭裁判所
に任意後見監督人
の選任申立

家庭裁判所が
任意後見監督人
の選任

契約開始

本人　　　後見人候補

任意後見契約

公証人の立合いでの
公正証書による契約

 見張り番 →

任意後見監督人　　任意後見人

📖✏️ **ワンポイント**

法定後見制度は認知症になってから、任意後見制度は認知症になる前

法定後見制度と任意後見制度の違いを理解します。公正証書や登記
などはなじみがないかもしれませんが、学習を通じて慣れましょう。

13 日常生活自立支援事業

判断能力が不十分な者が、地域で自立した
生活ができるように支援する事業です

　日常生活自立支援事業とは、認知症や精神障害、知的障害などで判断能力が不十分となった者に対して、福祉サービスの利用の援助等を行うことにより、地域で自立した生活を送ることができるようにする事業です。成年後見制度（192ページ参照）と対象者が同じですが、内容が大きく異なるので、注意が必要です。

日常生活自立支援事業の内容

　日常生活自立支援事業の実施主体は**都道府県と指定都市に設置されている社会福祉協議会**で、窓口は市区町村社会福祉協議会となります。対象者が成年後見制度と同じと述べましたが、「**日常生活自立支援事業の利用契約を締結する能力を有すること**」が対象者の要件に含まれていますので、比較的軽度な利用者像が想定されます。

　支援の内容としては、①要介護認定の申請手続きや認定調査の立会いなどを行う**福祉サービスの利用援助**、②公共料金や日用品の支払いなどを行う**日常的金銭管理サービス**、③年金証書や通帳の預かりなどの**書類等の預かりサービス**があります。

　日常生活自立支援事業の利用料については、原則、**利用者が負担**することになっていますが、生活保護受給者については公的な補助があり、無料となっています。

　日常生活自立支援事業では、申請を受け、**契約締結判定ガイドライン**に基づき対象者かどうかが判断されます。対象者となれば、支援計画を作成することになります。この**支援計画を作成するのは専門員**で、支援計画に基づいて**具体的な支援を行うのは生活支援員**です。この専門員と生活支援員については、とくに資格要件はありません。

◎ 日常生活自立支援事業とは?

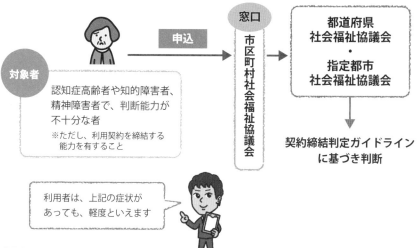

対象者

認知症高齢者や知的障害者、精神障害者で、判断能力が不十分な者

※ただし、利用契約を締結する能力を有すること

申込 → **窓口** 市区町村社会福祉協議会 → 都道府県社会福祉協議会・指定都市社会福祉協議会

契約締結判定ガイドラインに基づき判断

利用者は、上記の症状があっても、軽度といえます

【支援内容】

内容	具体的なサービス
①福祉サービスの利用援助	・認定調査の立合い ・利用料金の支払い …など
②日常的金銭管理サービス	・年金等の受取り ・税金や公共料金の支払い …など
③書類等の預かりサービス	・年金証書や通帳等の預かり …など

【日常生活自立支援事業の支援者】

職種	職務内容
専門員	本人との面談などをもとに、支援計画を作成する
生活支援員	専門員が作成した支援計画に基づいて、具体的にサービスを提供する

📖 ワンポイント

成年後見制度との相違点を整理しよう!

成年後見制度と対象者が同じですが、こちらは比較的軽度な利用者となります。また、成年後見制度は家庭裁判所を通しますが、こちらは社会福祉協議会が実施主体となります。

14 訪問介護

身体介護と生活介護に分類され、
一部の医療的なケアも担います

　訪問介護は在宅サービスの要となるもので、**身体介護**と**生活援助**に分類されます。

　身体介護には、入浴、排泄、食事等の介護や通院外出の介助、服薬介助などがあります。また、自立生活支援・重度化予防のための見守り的援助や、一定の研修を受けた介護職員が行うことができる医療的ケア（喀痰吸引・経管栄養）についても身体介護に分類されます。さらに、体温測定や血圧測定などのバイタルチェック、一包化された内用薬の内服、ストーマ装具のパウチの排泄物処理、自己導尿補助のためのカテーテル準備や体位保持などは、医療行為から除外され、身体介護として提供されることとなっています。

　生活援助は、掃除や洗濯、衣服の整理、買い物、薬の受取りなどが該当します。一方で、利用者以外の者の洗濯や調理などは該当せず、また、日常生活の援助に該当しないもの（草むしり、ペットの世話）や、家事の範囲を超えるもの（部屋の模様替え、家具等の修繕、大掃除、正月などのために特別な手間をかけて行う調理など）は生活援助として算定することができません。

人員基準は？

　常勤専従の管理者を1名配置します。また、**訪問介護員**は常勤換算方式（148ページ参照）で2.5名以上配置し、さらに、一定の資格を有する**サービス提供責任者**（介護福祉士・実務者研修修了者・介護職員基礎研修修了者・訪問介護員1級修了者など）を配置します。

そのほかの基準は？

　サービス提供責任者は**訪問介護計画書**を作成する必要があります。また、**同居家族に対するサービス提供は原則として禁止**されています。

◎ 訪問介護のサービスに含まれるもの・含まれないもの

ヘルパー
ステーション   身体介護
生活援助 → 自宅

医療行為でないもの（「身体介護」で提供可能）

1 バイタルチェック等

●体温測定 ●血圧測定 ●動脈血酸素飽和度の測定 ●軽微な切り傷や擦り傷、やけどなど
について専門的な判断や技術を要しない処置

2 「医療行為」から除外されるもの

●軟膏の塗布 ●湿布の貼付 ●点眼薬の点眼 ●坐薬の挿入 ●一包化された内用薬の内服
●爪の手入れ ●歯や口腔粘膜、舌に付着している汚れの除去 ●耳垢栓塞を除く耳垢除去
●ストーマ装具のパウチ内の排泄物処理
●自己導尿補助のためのカテーテル準備のために体位保持を行うこと　…など

「生活援助」に含まれないもの

1 「直接本人の援助」に該当しない行為

●利用者以外の者の洗濯・調理等 ●利用者が使用する居室等以外の掃除 ●来客の応接
（お茶、食事の手配等） ●洗車　…など

2 「日常生活の援助」に該当しない行為

（1）日常生活援助以外の行為

●草むしり ●花木の水やり ●犬の散歩等のペットの世話　…など

（2）家事の範囲を超える行為

●大掃除 ●ガラス磨き ●ワックスがけ ●家具等の修繕 ●模様替え ●植木の剪定等の園芸
●正月、節句等のために特別な手間をかけて行う調理　…など

	職種	人数、資格要件等
人員基準	管理者	1名、資格要件なし
	訪問介護員	常勤換算2.5名以上、ヘルパー2級等有資格者
	サービス提供責任者	常勤1名以上、介護福祉士、実務者研修修了者など

運営基準	・訪問介護計画書の作成　・同居家族に対するサービス提供の禁止 ・身分を証する書類の携行　・緊急時等の対応

📖 ワンポイント

幅広く出題される項目。サービス内容は少し深いところまで覚えよう！

訪問介護は頻出です。身体介護や生活援助の内容や、「医療行為・
生活援助に該当しないもの」などが問われます。

15 訪問入浴介護

要介護者には３名で、要支援者には２名で
訪問して入浴介護のサービスを提供します

　訪問入浴介護は、利用者の居宅に浴槽を持っていき、入浴の介護を行うサービスです。**要介護者には３名**（原則、看護職員１名・介護職員２名）でサービスを行い、**要支援者には２名**（原則、看護職員１名・介護職員１名）でサービスを行います（看護職員とは、看護師・准看護師のいずれかの資格を有する者）。

　浴槽を提供して行うというと、「自宅の浴槽が使えない重度の利用者」をイメージするかもしれませんが、軽度の利用者も利用できます。たとえば、感染症で通所介護（200ページ参照）の入浴介助を受けることができない利用者なども、訪問入浴介護を利用できます。また、入浴ができない場合などは、**清拭や部分浴などでも対応**が可能です。

人員基準は？

　管理者と看護職員・介護職員を配置する必要があります。要介護者には３名で対応し、要支援者には２名で対応します。うち１名は看護職員であることが原則ですが、入浴により利用者の心身の状況等に支障を生ずる恐れがないと認められる場合は、主治医の意見を聞いたうえで、**看護職員に代えて介護職員を充てる**ことができます。その場合、要介護者には介護職員３名で対応、要支援者には介護職員２名で対応することになります。

そのほかの基準は？

　訪問入浴介護は、浴槽を積む大きな車で行うことが多いため、事前訪問で車両の駐車位置や浴槽の移動などをあらかじめ確認しておく必要があります。なお、**計画については、法的な作成義務はありません**が、利用者の状態を的確に把握しておくため、作成するのが望ましいとされています。

◎ 訪問入浴介護とは?

 訪問 →
自宅

●要介護者には、3名の従業員
●要支援者には、2名の従業員

要介護者
要支援者

サービス内容
①浴槽を提供して入浴介護を行う
②利用者の状況によって、清拭や部分浴を実施する

> 訪問入浴介護を使うと、ほとんどの利用者は入浴する
> ことができます。
> たとえば、感染症にかかっている人や医療器具を装着
> している人でも、医師の指示のもとで入浴が可能です

◎ 訪問入浴介護の主な基準

	職種	人数、資格要件等
人員基準	管理者	1名以上、資格要件なし
	看護職員・介護職員	看護職員：1名以上、看護師または准看護師 介護職員：2名以上（介護予防訪問入浴介護では1名以上）

※ 無資格の介護職員は、認知症介護基礎研修の修了が必要

運営基準	・利用料等（交通費、利用者の選定による特別な浴槽水の費用など）の受領 ・具体的取扱方針（主治医の意見により、看護職員を介護職員に変更可）

 **ワンポイント**

人事基準や運営基準をしっかり押さえよう！

訪問入浴介護の暗記のポイントは、要介護者と要支援者で人員基準が異なることや、運営基準の特徴（特別な浴槽水に関する利用者負担、看護職員に代えて介護職員への変更可能）などです。

16 通所介護・地域密着型通所介護

利用者にデイサービスセンターに通ってもらい、
入浴や食事等の介護を提供します

　通所介護は、**定員が 19 名以上**のデイサービスです。また、**地域密着型通所介護は定員 19 名未満**のデイサービスです。日中デイサービスセンターに通い、入浴、排泄、食事等の介護および日常生活の世話や機能訓練を行います。通所介護は、**家族の身体的・精神的負担の軽減**なども目的としています。家族の負担軽減をレスパイトケアと呼びますが、利用者が日中デイサービスに通うことで家族は仕事をしたり、余暇を楽しんだりすることができます。

　近年は、**お泊まりデイ**（正式には「宿泊サービス」）なども行われるようになってきており、実施する場合、事業者は事前に都道府県知事に届出をする必要があります。ちなみに、お泊まりデイは、自費サービスとなります。

人員基準は？

　常勤専従の**管理者**を 1 名以上配置しなければなりませんが、管理者については特段の資格は必要ありません。**生活相談員や介護職員**の配置は必要です。介護職員については専門資格は不要ですが、介護職員か生活相談員のどちらか 1 名以上が常勤でなければなりません。さらに、**看護職員（看護師または准看護師）や機能訓練指導員**の配置も必要です。機能訓練指導員として従事できる職種は、**理学療法士・作業療法士・言語聴覚士・看護職員・柔道整復師・あん摩マッサージ指圧師・実務経験のあるはり師またはきゅう師**です。

そのほかの基準は？

　管理者は、**通所介護計画**を作成しなければなりません。利用定員を超えてサービス提供を行わない、定期的に避難・救出等の訓練を行うなど、**建物に関する基準**が含まれています。また、地域密着型通所介護では、**運営推進会議をおおむね 6 カ月に 1 回以上**開催しなければなりません。

◎ 通所介護と地域密着型通所介護とは?

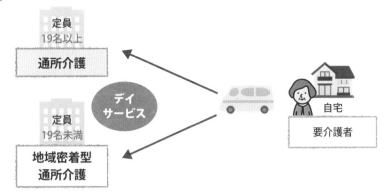

◎ 通所介護の主な基準

	職種	人数、資格要件等
人員基準	管理者	1名以上、資格要件なし
	生活相談員	1名
	介護職員	利用者15名に対して1名
	看護職員	1名以上、看護師、准看護師
	機能訓練指導員	1名以上、理学療法士、作業療法士、言語聴覚士、看護職員、柔道整復師、あん摩マッサージ指圧師、実務経験のあるはり師またはきゅう師

※無資格の介護職員は、認知症介護基礎研修の修了が必要

通所介護と地域密着型通所介護とでは、指定権者、定員、運営推進会議の開催などが異なりますが、ほかの基準はほぼ同じです

運営基準	・利用料等の受領　　　・衛生管理等 ・通所介護計画の作成　・事故発生時の対応 ・定員の遵守　　　　　・運営推進会議をおおむね6カ月に1回以上開催 ・非常災害対策　　　　　（地域密着型通所介護のみ）

 ワンポイント

通所介護と地域密着型通所介護の相違点を整理しよう!

両者の主な違いは定員です。人員基準と運営基準については共通する部分が非常に多いので、セットで学習すると効果的です。

17 短期入所生活介護

短期間、利用者を施設で受け入れ、
介護や機能訓練等を提供します

　短期入所生活介護は、特別養護老人ホーム等に短期間入所した利用者に、
日常生活上の世話や機能訓練等を行うサービスです。家族の介護負担軽減（レ
スパイトケア）にも利用されます。レスパイトケアの利用目的は旅行などで
も OK です。また、単身者も短期入所生活介護を利用することができます。

　施設のタイプには、①短期入所ができる施設を専用で有する**単独型**、②特
別養護老人ホーム等の中で入所施設と一体的に運用される**併設型**、③特別養
護老人ホーム等の空きベッドを使って短期入所を行う**空床利用型**の3パター
ンがあります。**居室の定員は4名以下**となっていますが、単独型については、
1施設の定員が20名以上となっています。

人員基準は？

　単独型については、**管理者**を1名配置しなければなりません。管理者に
ついては特段の資格は不要です。また、**医師や生活相談員、介護職員または
看護職員**を配置することとなっています。**栄養士**については1名以上配置
することとなっていますが、定員が40名以下の事業所については、他施設
の栄養士との連携がある場合、配置しないこともできます。さらに、**機能訓
練指導員**（200ページ参照）を1名以上配置します。併設型や空床利用型
については、特別養護老人ホームなどの職員と基本的に**兼務が可能**です。

そのほかの基準は？

　管理者は、**おおむね4日以上利用する者**に、短期入所生活介護計画を作
成しなければなりません。この基準は、短期入所療養介護（156ページ参照）
と共通です。また、「身体拘束等を行ってはならない」「サービスは漫然かつ
画一的なものにならないように配慮する」などの基準が設定されています。

◎ 短期入所生活介護には、3タイプの施設がある

自宅

短期間入所

①単独型	②併設型	③空床利用型
定員20名以上	特別養護老人ホーム等の入所スペース 短期入所のスペース	特別養護老人ホーム等の空きベッドを利用

◎ 短期入所生活介護の主な基準（単独型）

	職種	人数、資格要件等
人員基準	管理者	1名以上、資格要件なし
	医師	1名以上
	生活相談員	利用者100名またはその端数を増すごとに1名以上
	介護職員または看護職員	利用者3名に対して常勤換算1名以上
	栄養士	1名以上、ただし定員40名以下の事業所では、他施設の栄養士との連携がある場合、配置しなくてもよい
	機能訓練指導員	1名以上、理学療法士、作業療法士、言語聴覚士、看護職員、柔道整復師、あん摩マッサージ指圧師、実務経験のあるはり師またはきゅう師
	調理員その他の従業員	実情に応じた適当数

※ 無資格の介護職員は、認知症介護基礎研修の修了が必要

運営基準	・内容と手続きの説明および同意　・利用料等の受領　・取扱方針 ・短期入所生活介護計画の作成（おおむね4日以上利用する者について作成）

 ワンポイント

単独型・併設型・空床利用型の
3つのタイプをしっかりインプット！

施設の3つの類型は暗記必須事項です。短期入所生活介護計画を作成する対象者（おおむね4日以上の利用者）も暗記ポイントです。

18 特定施設入居者生活介護

「特定施設」の指定を受けた有料老人ホーム等が
入居者に介護サービス等を提供します

　特定施設入居者生活介護は、「施設」と名がついていますが、介護保険法上は**「居宅サービス」扱い**です。介護保険施設の場合、その施設の職員以外からは介護を受けられませんが、特定施設入居者生活介護では、施設の職員から介護等を受ける**一般型**と、施設以外の事業者（以下、「受託居宅サービス事業者」）から介護等を受ける**外部サービス利用型**があります（利用者は、入居する際に選択をすることができます）。外部サービス利用型では、ケアプラン（**特定施設サービス計画**）は、その施設のケアマネが作成し、介護等のサービスは受託居宅サービス事業者が提供します。ただし、生活相談、安否確認、緊急時対応などは、その施設の職員が行うこととなります。

　ちなみに、介護保険法上、こうした特定施設の位置づけにあるのは、**介護付き有料老人ホーム・養護老人ホーム・軽費老人ホーム（ケアハウス）**です。

人員基準は？

　管理者を1名配置します。特段の資格は不要です。また、**生活相談員、介護職員、看護職員、機能訓練指導員**（200ページ参照）を配置し、入居者の特定施設サービス計画を作成する**計画作成担当者**（ケアマネ）を、入居者100名に対して1名配置する必要があります。

そのほかの基準は？

　居室の定員は1名となっています。「1週間に2回以上、入浴または清拭を行う」「身体的拘束の適正化を図るための措置を講じる」「協力病院を必ず定め、協力歯科医院も定めるよう努める」など、**介護老人福祉施設（220ページ参照）と同様の基準**が定められています。なお、おむつ代に関しては、保険給付の対象外となっており、利用した分は全額利用者負担です。

特定施設入居者生活介護とは?

特定施設	介護付き有料老人ホーム、養護老人ホーム、軽費老人ホーム (有料老人ホームに該当するサービス付き高齢者向け住宅も含む)

1 一般型

施設の職員
- 計画作成
- 生活相談
- 安否確認
- 介護サービス

→ 特定施設
入居者

2 外部サービス利用型

施設の職員
- 計画作成
- 生活相談
- 安否確認

→ 特定施設
入居者 ←

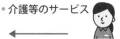

外部サービス
- 介護等のサービス

 特定施設入居者生活介護の主な基準

	職種	人数、資格要件等
人員基準	管理者	1名、資格要件なし
	生活相談員	利用者100名に対して常勤換算1名以上
	介護職員・ 看護職員	要介護者3名に対して常勤換算1名以上
	機能訓練指導員	1名以上、理学療法士、作業療法士、言語聴覚士、看護職員、柔道整復師、あん摩マッサージ指圧師、実務経験のあるはり師またはきゅう師
	計画作成担当者	利用者100名に対して介護支援専門員1名以上

※ 無資格の介護職員は、認知症介護基礎研修の修了が必要

運営基準	・内容と手続きの説明および契約の締結等　・利用料等の受領 ・協力医療機関等　・地域との連携等　・特定施設サービス計画の作成

ワンポイント

「特定施設とは何か?」を押さえておこう!

「特定施設」の種類は重要です。また、介護保険施設との違いも問われることがありますので、運営基準等の比較を通じて理解しておきましょう。

19 福祉用具

レンタルの福祉用具貸与が13品目、
購入の特定福祉用具販売が6品目あります

　介護保険の福祉用具はレンタル（**福祉用具貸与**）と、購入（**特定福祉用具販売**）に分けられます。本来ならば、レンタルですべて提供するとコストも少なくてすみますが、お風呂やトイレで使うもの（入浴や排泄の用に供するもの）はレンタルでは難しいため、その利用者専用の品目として特別に定めること（特定福祉用具販売）となりました。

　福祉用具貸与は13品目あります。車いすや特殊寝台、歩行器や歩行補助杖、認知症老人徘徊感知機器などが対象です。車いすは、自走用や普通型など一般的なものから、電動車いすや、背もたれが倒れるリクライニング機能や足もとが上がるティルト機能がついた少し特殊なものも対象となります。逆に、歩行補助杖については、多点杖や松葉杖は対象になりますが、一般的なT字杖は対象となりません。

　特定福祉用具販売は6品目あります。入浴や排泄に関係するもので、ポータブルトイレなどが該当する腰掛便座、シャワーチェアや浴槽用手すり、浴槽内いす、浴槽内すのこ、浴室内すのこ、入浴用介助ベルトなどの入浴補助用具、簡易浴槽などが対象となっています。また、入浴や排泄の用に供する移動用リフトと自動排泄処理装置に関しては、本体部分が非常に高価なため、本体部分を福祉用具貸与の品目にし、それ以外の部分について特定福祉用具販売の品目にしています。

そのほかの基準は？

　福祉用具貸与・特定福祉用具販売の事業者については、**福祉用具専門相談員**を常勤換算で2名以上配置しなければなりません。また、福祉用具専門相談員は、**福祉用具サービス計画**（福祉用具貸与計画および特定福祉用具販売計画）を作成しなければなりません。

福祉用具の種類

福祉用具貸与（13品目）	特定福祉用具販売（6品目）
❶ 車いす ❷ 車いす付属品 ❸ 特殊寝台 ❹ 特殊寝台付属品 ❺ 床ずれ防止用具 ❻ 体位変換器 ❼ 手すり ❽ スロープ ❾ 歩行器 ❿ 歩行補助杖 ⓫ 認知症老人徘徊感知機器 ⓬ 移動用リフト（本体部分） ⓭ 自動排泄処理装置（本体部分）	❶ 腰掛便座 ❷ 自動排泄処理装置（交換可能部分） ❸ 排泄予測支援機器 ❹ 入浴補助用具 ❺ 簡易浴槽 ❻ 移動用リフト（つり具部分）

貸与と販売が、本体部分とそれ以外に分かれる品目があるので注意しましょう

福祉用具貸与・特定福祉用具販売事業者の主な基準

	職種	人数、資格要件等
人員基準	福祉用具専門相談員	2名以上、福祉用具専門相談員講習修了者、一定の国家資格保持者

運営基準	・利用料等の受領 ・具体的取扱方針 ・福祉用具サービス計画の作成 ・適切な研修の機会の確保、知識・技能の向上等 ・福祉用具の取扱種目 ・衛生管理等 ・掲示および目録の備付け

ワンポイント

貸与の13品目、販売の6品目の暗記は必須です！

福祉用具貸与と特定福祉用具販売については、それぞれの品目を覚える必要があります。といっても、いきなり両方を覚えるのは大変ですから、まずは数が少ない「特定福祉用具販売」の品目から押さえましょう。覚えるときのキーワードは、「入浴・排泄」です。

20 住宅改修

保険給付の対象となる住宅改修には5種類あり、
給付の上限は1住宅20万円までです

介護保険の保険給付では、簡単なバリアフリー工事を行うことができます。**1住宅20万円まで**という**住宅改修費支給限度基準額**（60ページ参照）があります。どのような住宅改修ができるのかというと、5つあります。それは、①**手すりの取付け**、②**段差の解消**、③**床または通路面の材料の変更**、④**扉の取替え**、⑤**便器の取替え**です。これらについては、住宅改修費が支給されます。

床材の変更の例として、玄関から道路までの通路も対象となりますので、砂利道をアスファルトに変えるなどが可能です。扉の取替えについては、扉を新設したほうが安価になる場合はその工事も対象となります。便器の取替えは、便器の位置や向きの変更についても対象となります。

1住宅20万円までの給付となりますので、転居（住民票の異動を伴うものに限る）した場合は、**転居先で再度20万円までの住宅改修費の支給**を受けることができます。また、一度20万円まで住宅改修費の支給を受けた場合でも、利用者の状態がさらに重度（介護が必要な程度が**3段階以上上がる**）となった場合については、**同一住宅で再度20万円までの住宅改修費の支給**を受けることができます。

事業者指定の制度はなし

住宅改修については、**事業者指定の制度が設けられていません**ので、誰でも行うことができます。一方、被保険者が住宅改修費の支給を受けるためには、保険者に対する事前申請や事後報告などが必須です。

ケアマネは、住宅改修費の支給を受けるために、理由書を作成する必要がありますが、居宅サービス計画に住宅改修を必要とする理由の記載があれば、その居宅サービス計画の提出をもって理由書とすることができます。

保険給付の対象となる5つの住宅改修

種類	備考
①手すりの取付け	● 「玄関から道路までの通路」も対象に含まれる 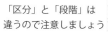
②段差の解消	
③床または通路面の材料の変更 （滑り防止、および移動の円滑化等のため）	
④扉の取替え （引き戸等へ）	● 開き戸を引き戸、折り戸、アコーディオンカーテン等に取り替えるといった扉全体の取替えのほか、扉の撤去やドアノブの変更、戸車の設置等も含まれる ● 引き戸等への扉の取替えにあわせて、自動ドアとした場合は、自動ドアの動力部分の設置は、住宅改修の支給対象とならない ● 新設する場合でも、改修に比べ安価にできる場合は対象となる
⑤便器の取替え （洋式便器等へ）	● 便器の位置・向きの変更も対象となる
⑥①～⑤の住宅改修に付帯して必要となる住宅改修	たとえば… ● 手すりの取付けのための壁の下地補強 ● 浴室の床の段差解消や、便器の取替えに伴う給排水設備工事 ● 床材の変更のための下地補修や、根太の補強　　…など

「介護の必要の程度」について

「区分」と「段階」は違うので注意しましょう

第6段階	要介護5
第5段階	要介護4
第4段階	要介護3
第3段階	要介護2
第2段階	要介護1
	要支援2
第1段階	要支援1

要介護2から要介護5に上がると、第3段階から第6段階に3段階上がることになる

ワンポイント

住宅改修の場合、「基準」が設けられていない！

人員基準や運営基準がないのは、住宅改修の場合、指定制度が設けられていないからです。

21 夜間対応型訪問介護

夜間専用の訪問介護サービスです。
定期巡回や随時訪問などのサービスがあります

夜間対応型訪問介護は、地域密着型サービスの１つで、夜間（最低限 22 時〜６時）、利用者の居宅へ、必要に応じて訪問します。

提供されるサービスには、①訪問介護員等が定期的に訪問し、体位変換や水分補給などを行う**定期巡回サービス**、②利用者からの通報に応じる**オペレーションセンターサービス**、そして、③その通報をもとに必要があれば訪問する**随時訪問サービス**の３つです。医療系サービスにある定期巡回・随時対応型訪問介護看護（158 ページ参照）と似ている部分もあります。

人員基準は？

オペレーションセンターを設置し、随時の通報に対応する**オペレーター**を配置します。利用者の人数が少ない等の場合はオペレーションセンターを設置しないこともできます。オペレーターの資格については定期巡回・随時対応型訪問介護看護と同様です（右ページ参照）。また、随時訪問サービスに従事する**訪問介護員等**を１名以上配置しなければなりません。

そのほかの基準は？

オペレーター（オペレーションセンターを設置しない場合は訪問介護員等）は、利用者の**夜間対応型訪問介護計画**を作成しなければなりません。随時訪問サービスを適切に行うため、**１カ月ないし３カ月に１回程度**、利用者の居宅へ訪問する必要があります。たとえば、利用者から１年ぶりに通報があり訪問したら、転居していたり、状態が１年前と大きく変わっていたりということもあり得ます。そうした事態を避けるための基準です。

また、定期巡回サービスにおいては合鍵を預かることができますが、管理を厳重に行う等、それに関する基準も定められています。

◎ 夜間対応型訪問介護が提供するサービス

①定期巡回サービス

夜間に利用者宅を巡回する

おむつ交換
体位変換
水分補給 …など

サービス内容

②オペレーションセンターサービス

オペレーションセンター

オペレーター

相談

アドバイス

自宅

解決しない場合

訪問介護員

訪問 ◀ **③随時訪問サービス**

◎ 夜間対応型訪問介護の主な基準

	職種	人数、資格要件等
人員基準	オペレーター	1名以上、下の①②の要件を満たしている者 ①医師、保健師、看護師、准看護師、介護福祉士、社会福祉士、介護支援専門員 ②サービス提供責任者として1年以上従事した者
	訪問介護員等	1名以上

運営基準	・基本取扱方針　・具体的取扱方針　・夜間対応型訪問介護計画の作成 ・同居家族に対するサービス提供の禁止　・地域との連携等

📖 **ワンポイント**

3つのサービスそれぞれが、はっきりイメージできるようになればOK

定期巡回サービス、オペレーションセンターサービス、随時訪問サービスの3つの内容を理解しましょう。

22 認知症対応型通所介護

認知症に特化したデイサービスです。
介護や機能訓練などを提供します

　認知症対応型通所介護は、**認知症専用のデイサービス**です。認知症利用者が可能な限り居宅で生活できるよう、その症状の緩和や家族の介護負担軽減などを視野に入れてサービスが提供されています。入浴・排泄・食事等の介護や機能訓練など、通常の通所介護および地域密着型通所介護（200 ページ参照）とサービス内容では共通する部分もありますが、認知症に特化している点で異なります。なお、要支援者の場合も、**介護予防認知症対応型通所介護**としてこうしたサービスを利用することができます。

　提供の形態には①単独型、②特別養護老人ホーム等に併設されて運営されている**併設型**（ともに**定員が 12 名以下**）、③認知症対応型共同生活介護（216 ページ参照）や地域密着型介護老人福祉施設入所者生活介護（220 ページ参照）、地域密着型特定施設入居者生活介護（218 ページ参照）の居間や食堂で行われる**共用型**（定員は 1 日あたり 3 名以下など）の 3 つがあります。

人員基準は？

　管理者を 1 名配置しなければなりません。特段の資格は不要ですが、「**認知症対応型サービス事業管理者研修**」を修了した者である必要があります。また、単独型と併設型については、**生活相談員、介護職員、看護職員、機能訓練指導員**を配置しなければなりません。

そのほかの基準は？

　管理者は、**認知症対応型通所介護計画**を作成しなければなりません。認知症という症状の特性を適切に把握し、漫然かつ画一的にならないようにサービスの提供を行う必要があります。また、**運営推進会議**をおおむね 6 カ月に 1 回以上開催しなければなりません。

◎ 認知症対応型通所介護の3つのタイプ

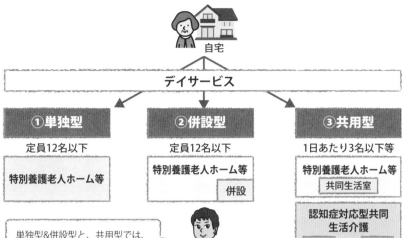

自宅

デイサービス

①単独型	②併設型	③共用型
定員12名以下	定員12名以下	1日あたり3名以下等
特別養護老人ホーム等	特別養護老人ホーム等 併設	特別養護老人ホーム等 共同生活室
		認知症対応型共同 生活介護 居間 or 食堂

単独型&併設型と、共用型では、
定員が違うことに注意しましょう

◎ 認知症対応型通所介護の主な基準（単独型・併設型）

	職種	人数、資格要件等
人員基準	管理者	1名、認知症対応型サービス事業管理者研修を修了した者
	生活相談員	1名以上
	介護職員・ 看護職員	2名以上
	機能訓練 指導員	1名以上、理学療法士、作業療法士、言語聴覚士、看護職員、柔道整復師、あん摩マッサージ指圧師、実務経験のあるはり師またはきゅう師

※ 無資格の介護職員は、認知症介護基礎研修の修了が必要

運営基準	・利用料等の受領　　・認知症対応型通所介護計画の作成 ・基本取扱方針　　　・地域との連携等 ・具体的取扱方針　　・運営推進会議をおおむね6カ月に1回以上開催

📖✍ ワンポイント

認知症に特化している分、
通常の通所介護より手厚いのが特徴

定員は12名以下（単独型・併設型）で、通常の通所介護に比べてサービスが手厚くなっています。

23 小規模多機能型居宅介護

小さい事業所ながら、多くのサービスが
一体的に提供されます

　小規模多機能型居宅介護は、1 カ所を拠点にして、**通いサービスや宿泊サービス、訪問サービス**を一体的に提供しています。利用者の登録者数は最大 29 名で、利用者は 1 カ所しか登録することができないなどの規定があります。要支援者の場合、**介護予防小規模多機能型居宅介護**として利用できます。

人員基準は？

　代表者は、一定の経験があり、認知症対応型サービス事業開設者研修を修了した者であり、**管理者**は、一定の経験があり、認知症対応型サービス事業管理者研修を修了した者となっています。「一定の経験」とは、代表者の場合、認知症高齢者の介護に従事した経験、または保健医療サービスや福祉サービスの経営に携わった経験を指し、管理者の場合は、3 年以上認知症高齢者の介護に従事した経験を指します。

　居宅介護従業者の配置については、宿泊サービスの利用者がいない場合であって、夜間および深夜の時間帯に訪問サービスを提供するために必要な連絡体制を整備している場合は、宿直や夜勤者を配置しないことができます。そのほか、小規模多機能型サービス等計画作成担当者研修を修了している**介護支援専門員**を 1 名配置します。

そのほかの基準は？

　介護支援専門員は、登録者の**居宅サービス計画**と**小規模多機能型居宅介護計画**を作成します。また、登録している利用者は、訪問看護・訪問リハビリテーション・居宅療養管理指導・福祉用具貸与を除き、ほかの居宅サービス事業者からサービスを受けることはできません。**運営推進会議**の開催が必要で、その頻度はおおむね **2 カ月**に **1 回以上**です。

◎ 小規模多機能型居宅介護とは?

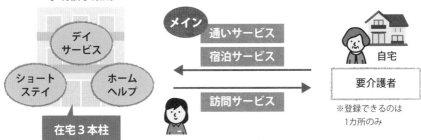

◎ 小規模多機能型居宅介護の主な基準

	職種	人数、資格要件等
人員基準	代表者	一定の経験があり、認知症対応型サービス事業開設者研修を修了した者
	管理者	一定の経験があり、認知症対応型サービス事業管理者研修を修了した者
	居宅介護従業者	【通いサービス】利用者3名に対して1名以上 【訪問サービス】1名以上 【夜間および深夜】1名以上（宿泊サービスの利用者がいない場合は置かなくてもよい）
	介護支援専門員	1名以上、小規模多機能型サービス等計画作成担当者研修を修了した者

※無資格の居宅介護従業者は、認知症介護基礎研修の修了が必要

> ケアマネは、2つの計画を作成する必要があります

運営基準	・利用料等の受領　・基本取扱方針　・具体的取扱方針 ・居宅サービス計画の作成　・小規模多機能型居宅介護計画の作成 ・介護等　・社会生活上の便宜の提供等 ・定員の遵守　・協力医療機関等　・調査への協力 ・地域との連携　・居宅機能を担う併設施設等への入居 ・運営推進会議をおおむね2カ月に1回以上開催

 ワンポイント

「なじみの介護」がキーワード!

すべてのサービスで同じ職員が対応してくれるため、「なじみの介護」がキーワードです。ただし、ほかの通所介護や短期入所生活介護などが利用できないというデメリットもあります。

24 認知症対応型共同生活介護

認知症に特化したグループホーム。
1つの事業所で3つの共同生活住居が設置可能

　認知症対応型共同生活介護は、**認知症専用のグループホーム**です。認知症利用者が、共同生活住居で、家庭的な雰囲気の中で生活していくことができるよう支援するためのサービスを提供しています。

　1つの共同生活住居（ユニット）に入居できるのは**5〜9名**です。1つの事業所では3つまで共同生活住居を設置することができ、3つの共同生活住居を有するグループホームの場合、定員は最大で27名となります。

　入居者は、**ほかの居宅サービスを利用することができません**（事業者が費用負担するのであればOK）。要支援者へは**介護予防認知症対応型共同生活介護**を提供することができますが、対象は**要支援2の者のみ**で、要支援1の者は対象外となります。

人員基準は？

　代表者と**管理者**の要件は、小規模多機能型居宅介護（214ページ参照）と同様です。管理者は、共同生活住居ごとに配置しなければなりません。また、**介護従業者**と、認知症介護実践者研修等を修了した**計画作成担当者**を配置する必要があります。計画作成担当者は、共同生活住居ごとに1名配置（兼務可）し、少なくとも1名は介護支援専門員の資格が必要です。たとえば、2つの共同生活住居を持つグループホームであれば、2名の計画作成担当者のうち、1名が介護支援専門員であればいい、ということになります。

そのほかの基準は？

　運営推進会議をおおむね2カ月に1回以上開催します。指定居宅サービスや介護保険施設の**運営経験が3年以上**ある認知症対応型共同生活介護事業者では、空床を利用して短期入所（30日以内）を提供することができます。

◎ 認知症対応型共同生活介護とは？

| 共同生活住居（ユニット） | | 管理者 |
| 5〜9名 | | 計画作成担当者 |

| 共同生活住居（ユニット） | | 管理者 |
| 5〜9名 | | 計画作成担当者 |

1つの事業所に、
3ユニットまで設置できる

管理者・計画作成担当者を
事業所に1名以上配置

◎ 認知症対応型共同生活介護の主な基準

	職種	人数、資格要件等
人員基準	代表者	一定の経験があり、認知症対応型サービス事業開設者研修を修了した者
	管理者	一定の経験があり、認知症対応型サービス事業管理者研修を修了した者
	介護従業者	1名以上
	計画作成担当者	1名以上（1名以上は、介護支援専門員）、認知症介護実践者研修等を修了した者

※無資格の介護従業者は、認知症介護基礎研修の修了が必要

運営基準	・入退居　　　　　　　　　　　　　・定員の遵守 ・利用料等の受領　　　　　　　　・協力医療機関等 ・取扱方針　　　　　　　　　　　・調査への協力 ・認知症対応型共同生活介護計画の作成　・地域との連携等 ・介護等

ワンポイント

出題されやすい単元。
とくに人員基準は正確に覚えておこう！

出題頻度は高く、とくに人員基準の代表者・管理者・計画作成担当者の要件が出題されやすくなっています。

2 保健医療分野

3 福祉サービス分野

25 地域密着型特定施設入居者生活介護

「特定施設」に入居する利用者に
提供されるサービスです

　地域密着型特定施設入居者生活介護は、**定員が 29 名以下の介護専用型特定施設**（介護付き有料老人ホームや養護老人ホーム、軽費老人ホームで、**入居者が要介護者と配偶者等に限られる**もの）で提供されるサービスとなります。その形態には、単独で設置されるもの（**本体施設**）と、介護老人保健施設（164 ページ参照）等と密接に連携を確保しつつ別の場所に設置するもの（**サテライト型特定施設**）があります。

　特定施設入居者生活介護(204 ページ参照)のように、要支援者の受入れ(介護予防特定施設入居者生活介護）や、外部サービス利用型のような利用方法がありません。また、入居者の要件の 1 つが、保険者である市町村に住所がある者となっており、通常の特定施設に適用されている「住所地特例」（34ページ参照）が適用されません。

人員基準は？

　本体施設では、**生活相談員、看護職員、介護職員、機能訓練指導員**、介護支援専門員である**計画作成担当者**を配置します。サテライト型特定施設では、**看護職員・介護職員**以外については、配置しないことができます。

そのほかの基準は？

　計画作成担当者は、**地域密着型特定施設サービス計画**を作成しなければなりません。**運営推進会議**については、おおむね 2 カ月に 1 回以上の開催が必要です。

　指定居宅サービスや介護保険施設の**運営経験が 3 年以上**ある地域密着型特定施設入居者生活介護事業者では、30 日以内の利用期間を定めて行う場合においては、短期入所のサービスを提供することができます。

◎ 地域密着型特定施設入居者生活介護とは？

特定施設 入居定員：29名以下

入居者

施設の職員
- 計画作成
- 生活相談
- 安否確認
- 介護サービス

【入居者の要件】
要介護者と、その配偶者に限られる
ただし、それ以外で入居できる者として…
　①入居当時、要介護者であったが、
　　現在は要介護でない人
　②３親等以内の親族
　③市町村長が認めた人

◎ 地域密着型特定施設入居者生活介護の主な基準

		職種	人数、資格要件等
人員基準	本体施設	生活相談員	１名以上
		看護職員・介護職員	利用者３名に対して常勤換算１名以上
		機能訓練指導員	１名以上、理学療法士、作業療法士、言語聴覚士、看護職員、柔道整復師、あん摩マッサージ指圧師、実務経験のあるはり師またはきゅう師
		計画作成担当者	介護支援専門員１名以上
	サテライト型施設（本体施設で適切なサービス提供が実施されていれば、看護・介護職員以外は配置しなくてもOK）	看護職員・介護職員	利用者３名に対して常勤換算１名以上
		生活相談員	１名以上（配置しなくてもOK）
		機能訓練指導員	１名以上（配置しなくてもOK）、理学療法士、作業療法士、言語聴覚士、看護職員、柔道整復師、あん摩マッサージ指圧師、実務経験のあるはり師またはきゅう師
		計画作成担当者	介護支援専門員１名以上（配置しなくてもOK）

※無資格の介護職員は、認知症介護基礎研修の修了が必要

運営基準	・内容と手続きの説明および契約の締結等　・利用料等の受領　・地域密着型特定施設サービス計画の作成	・協力医療機関等　・地域との連携等

📖 **ワンポイント**

入居者の要件をしっかり押さえよう！

この項目は、特定施設入居者生活介護と同じく、出題頻度は高くありませんが、入居者の要件については覚えておきましょう。

26 介護老人福祉施設・地域密着型介護老人福祉施設

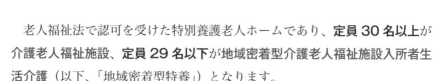

自治体等のみが設置できる公共性の高い施設です。
入所には要介護３以上などの要件があります

老人福祉法で認可を受けた特別養護老人ホームであり、**定員 30 名以上が介護老人福祉施設、定員 29 名以下**が地域密着型介護老人福祉施設入所者生活介護（以下、「地域密着型特養」）となります。

特別養護老人ホームは、**地方公共団体か社会福祉法人のみが設置**できる非常に公共性の高い施設で、入所できる者が、原則、**要介護３以上の者**に限定されています（やむを得ない事由により要介護１や２の者も入所できる場合があります）。地域密着型特養では、単独で設置される**小規模介護老人福祉施設**や本体施設（定員 30 名以上の特別養護老人ホーム）と密接な連携を保ちながら運営される**サテライト型居住施設**などがあります。

人員基準は？

医師、生活相談員、看護職員、介護職員、栄養士または管理栄養士、機能訓練指導員、介護支援専門員を配置しなければなりませんが、地域密着型特養のサテライト型については、**介護職員、看護職員**以外は本体施設の職員によるサービス提供が適切に行われるなど、一定の基準を満たせば配置しないことができます。

そのほかの基準は？

医療を行うことができませんので、入所者が入院をしなければならないケースもあります。その場合、おおむね３カ月以内に退院することが明らかな場合は、円滑に再入所できるようにする必要があります。そのために確保し得る空きベッドは**空床利用型短期入所生活介護**として運用可能です。

地域密着型特養については、**運営推進会議**をおおむね**２カ月に１回以上**開催しなければなりません。

◎ 介護老人福祉施設と地域密着型介護老人福祉施設とは?

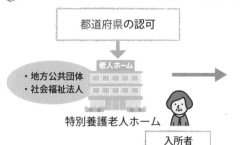

都道府県の認可

・地方公共団体
・社会福祉法人

特別養護老人ホーム

入所者
原則、要介護3以上の者

定員30名以上
介護老人福祉施設
（都道府県知事が指定）

定員29名以下
地域密着型
介護老人福祉施設
入所者生活介護
（市町村長が指定）

◎ 介護老人福祉施設の主な基準

	職種	人数、資格要件等
人員基準	管理者	1名
	医師	1名、非常勤でもOK
	生活相談員	入所者100名に1名以上
	看護職員・介護職員	入所者：看護＆介護職員＝3：1（ただし常勤換算）
	栄養士または管理栄養士	1名以上（入所者が40名を超えない場合は、他施設の協力等があれば置かなくてもOK）
	機能訓練指導員	1名以上、理学療法士、作業療法士・言語聴覚士、看護職員、柔道整復師、あん摩マッサージ指圧師、実務経験のあるはり師またはきゅう師
	介護支援専門員	1名以上（入所者100名に対して）

※無資格の介護職員は、認知症介護基礎研修の修了が必要

運営基準	・提供拒否の禁止　・受給資格等の確認 ・入退所　・施設サービス計画の作成 ・介護、食事　・入所者の入院期間中の取扱い ・定員の遵守　・衛生管理等　・協力病院等 ・秘密保持等　・地域との連携等 ・事故発生の防止および発生時の対応　・記録の整備

人員基準については「誰が配置されるか」を優先的に覚えましょう

ワンポイント

出題率は高い。人員基準と運営基準は要チェック！

介護老人福祉施設については毎年のように出題されますので、人員基準と運営基準は過去問レベルまで解けるようになりましょう。また、加算についても出題されます。

福祉サービス分野では毎年、ここが出る！

コラム

福祉サービス分野の出題実績を見ると、「ソーシャルワーク」「基礎相談面接技術」が毎年上位に入っています。

また、保健医療分野とは逆で、事業者・施設に関する出題が多くなっています。

その他、近年は「地域密着型サービス」（小規模多機能型居宅介護や夜間対応型訪問介護など）が出題される傾向にあります。

介護保険制度以外の法制度としては、生活保護制度や成年後見制度が頻出のテーマとなっています。成年後見制度は民法に規定されている制度であるため、普段なじみのない言葉が出てきます。すべてを理解しようとするのではなく、過去問をベースに学習し、理解していきましょう。

福祉サービス分野の出題実績（第21回〜第25回）			
ソーシャルワーク	12問	訪問入浴介護	5問
基礎相談面接技術	7問	成年後見制度	4問
介護老人福祉施設	6問	生活保護	5問
通所介護	5問	福祉用具	3問
短期入所生活介護	5問	夜間対応型訪問介護	3問
訪問介護	5問	小規模多機能型居宅介護	3問

馬淵　敦士（まぶち　あつし）

かいごのがっこう ベストウェイケアアカデミー学校長。株式会社ベストウェイ代表取締役社長。近畿大学非常勤講師。小学校教諭専修免許状・特別支援学校教諭専修免許状・介護支援専門員・介護福祉士・社会福祉士・公認心理師。修士（教育学）・奈良教育大学大学院教育学研究科修了。

大学在学中より障がい者のホームヘルパー・ガイドヘルパーに従事し、卒業後、NPO法人CIL豊中に入職。法人設立時より理事に就任し、サービス提供責任者や管理者に従事する。専門的福祉教育の充実化を目指し、2007年1月、株式会社ベストウェイを設立。代表取締役に就任。大阪府豊中市を中心に、「かいごのがっこう ベストウェイケアアカデミー」を設置し、介護人材の育成を行っている。介護系受験対策に精通し、介護福祉士・ケアマネジャー受験対策講座を各地で開催し、全国合格率を大幅に上回る実績を残している。主な著書に『この1冊で合格！ 馬淵敦士のケアマネ テキスト&問題集』『ゼロからスタート！馬淵敦士の介護福祉士1冊目の教科書』（以上、KADOKAWA）がある。

ゼロからスタート！
馬淵敦士のケアマネ1冊目の教科書　2024年度版

2023年11月10日　初版発行
2024年 6 月15日　再版発行

著者／馬淵 敦士

発行者／山下 直久

発行／株式会社KADOKAWA
〒102-8177　東京都千代田区富士見2-13-3
電話 0570-002-301(ナビダイヤル)

印刷所／株式会社加藤文明社印刷所
製本所／株式会社加藤文明社印刷所

©Atsushi Mabuchi 2023　Printed in Japan
ISBN 978-4-04-606532-2　C3036

本書とセットで学んで試験合格をグッと引き寄せる！

指導実績 1,500 人超！

馬淵講師が
最短 & 独学合格を
ナビゲート!

テキスト・問題集・模擬試験が一体の「この1冊で合格！」書籍

2023 年 11 月発売！

※表紙のデザインは変更になる場合があります

- ❶ケアマネ講座の人気講師が必修ポイントを公開
- ❷豊富なカラー図解＋見開き完結でダントツでわかりやすい
- ❸テキストと問題集が一体になったオールインワン
- ❹豊富な問題と3回分の模擬試験でアウトプットも◎

➡合格知識が学べて問題演習もバッチリ!
この1冊で受かる知識が身につく!!